ANTOLOGIA DA MALDADE

GUSTAVO H.B. FRANCO
FABIO GIAMBIAGI

ANTOLOGIA DA MALDADE
VOLUME II

Epígrafes para um país estressado

Copyright © 2022 by Gustavo H.B. Franco e Fabio Giambiagi

Grafia atualizada segundo o Acordo Ortográfico da Língua Portuguesa de 1990, que entrou em vigor no Brasil em 2009.

Capa
Claudia Warrak

Checagem
Érico Melo

Preparação
Angela Ramalho Vianna

Índice onomástico
Probo Poletti

Revisão
Natália Mori Marques
Marise Leal

Dados Internacionais de Catalogação na Publicação (CIP)
(Câmara Brasileira do Livro, SP, Brasil)

Franco, Gustavo H.B.
    Antologia da maldade 2 : Epígrafes para um país estressado / Gustavo H.B. Franco, Fabio Giambiagi — 1ª ed. — Rio de Janeiro : Zahar, 2022. — (Antologia da maldade ; 2)

    ISBN 978-65-5979-069-2

    1. Economia – Citações, máximas etc. 2. Política – Citações, máximas etc. I. Giambiagi, Fabio. II. Título. III. Série.

22-108160   CDD: 330

Índice para catálogo sistemático:
1. Citações : Coletâneas : Economia   330

Eliete Marques da Silva — Bibliotecária — CRB-8/9380

[2022]
Todos os direitos desta edição reservados à
EDITORA SCHWARCZ S.A.
Praça Floriano, 19, sala 3001 — Cinelândia
20031-050 — Rio de Janeiro — RJ
Telefone: (21) 3993-7510
www.companhiadasletras.com.br
www.blogdacompanhia.com.br
facebook.com/editorazahar
instagram.com/editorazahar
twitter.com/editorazahar

SUMÁRIO

Apresentação   11

A
Abstração • Acordo • Acordo tácito • Ajuste fiscal • Alternância de poder • Amadurecimento • Amizade • Aposentadoria • Apropriação • Argentina, contrera • Argentinidade • Arte • Arte degenerada • Ateísmo • Ativismo • Atualidade brasileira • Autocrítica • Autoengano • Autoridade   (pp. 17-27)

B
Bajulação • Banco Central americano • Bandidagem • Barbárie • Beleza interior • Bolsonarices • Bolsonarismo • Brasil, do contra • Brasilidade • Bravata   (pp. 29-37)

C
Cadeira • Camaradagem • Campeões nacionais • Cancelamento • Canibalismo • Cansaço • Capilaridade • Caridade • Carioquice • Carreira • Casamento • Catarse • Centrão • Ciência • Clientelismo • Cloroquina • Coerência • Comunismo • Constituição • Contabilidade criativa • Cordialidade • Coronelismo • Corporativismo • Correção monetária • Corrupção • Covardia • Credores • Cretinice e cretinos • Criptomoedas • Crueldade   (pp. 39-57)

D
Delírio • Democracia • Democracia representativa • Depreciação • Desenvolvimentismo • Desenvolvimentismo (o novo) • Desenvolvimento • Destino • Dieta • Dilmice • Diplomacia • Diplomacia americana • Direitos • Disciplina • Distanciamento social • Distributivismo • Dívida pública • Dogmatismo • Drama   (pp. 59-68)

E

Economia política • Economistas no governo • Educação • Elegância • Elitismo • Emedebismo • Empreguismo • Enigma • *Enrolation* (bullshit) • *Enrolation* (neoliberalismo tucano) • Esperteza • Espetáculo • Esqueletos • Esquerda • Estatismo • Eternidade • Euforia • Execução • Exercícios • Experiência do cliente • Explicação   (pp. 69-80)

F

Fake news • Família (pais) • Fantasia • Fascismo • Fato • Federalismo • Felicidade • Fiasco • Fingimento • Fracasso • Fronteira • Futebolice argentina • Futebolice brazuca • Futebolice de esquerda • Futebolice estrangeira • Futebolice uruguaia • Futuro   (pp. 81-9)

G

Garçonnière • Geometria • Gesto • Golpismo • Gringos • Gringolândia • Groucho-marxismo   (pp. 91-4)

H

Herói • Heterodoxia • Heterodoxia (medicina alternativa) • Hierarquia • História • Húbris   (pp. 95-8)

I

Ideologia • Iluminação • Ilusão • Impeachment • Imposto sindical • Imprensa • Improvável • Improviso • Impunidade • Incontinência verbal • Indicadores econômicos • Inépcia • Inflação • Inimigos • Inteligência • Intestino • Intuição • Inutilidade • Inutilidade (vice-presidentes) • Investimento • Isentão • Isonomia   (pp. 99-111)

J

Job description • Juízes • Juventude   (pp. 113-5)

L

Laissez-faire • Lava Jato • Liberalismo • Liberalismo bolsonarista • Liberalismo brazuca • Libido • Liderança • Liderança, orientação da • Literatura • Longevidade • Lugar de fala • Lulopetismo   (pp. 117-24)

M

Macaquices • Maioria parlamentar • Materialismo dialético • Materialismo neoliberal • Medo • Melancolia • Mentirinha • Mercado de ações • Mercosul • Mercosul, *macaneada* • Milícia • Militância • Militares • Mineirice • Misericórdia • Modernidade • Morte • Mundo animal (pp. 125-38)

N

Narrativa • Negacionismo • Neoliberalismo • *No comprendo* • *Non Sequitur* • Nostalgia • Nova matriz • Nova política • Novo normal • Nulidade (pp. 139-46)

O

Objetividade • Orçamento (pp. 147-8)

P

Paciência • Palácio • Pandemia • Paranoia • Partido • Patriotismo • Paulistanice • Peronismo • Planejamento • Planície • Pobrismo • Poder • Poesia • Polarização • Política • Política econômica • Politicamente incorreto • Ponto de vista • Popularidade • Populismo • Populismo pragmático • Pós-verdade • Poupança • Pragmatismo • Preguiça • Prerrogativa • Presidencialismo de coalizão • Prioridades • Produtividade • Profecia • Profissionalismo • Progresso • Projeto político • Protecionismo • Protelação • Pureza, falsa • Pusilanimidade (pp. 149-71)

R

Rabugice • Raízes italianas • Realismo • Realismo fantástico • Recrutamento • Redes sociais • Reforma administrativa • Reforma da Previdência • Regulação • Reprodução • Reputação • Responsabilidade • Retórica • Revisionismo • Ridículo • Riqueza • Risco • Risco, aversão ao • Roubo (pp. 173-82)

S

Sabedoria • Saudade • *Second best* • Segundo turno • Segurança jurídica • Selfie • Síntese • Soberba • Sobrepreço • *Soft power* • Solidão • Solução • Sujeira • Suplício • Supremo • Surdez (pp. 183-91)

T

Talibã • Tecnologia • Tempero • Tempo • Teoria econômica • Terceira via • Timing • Traição • Truculência • Trumpismo (pp. 193-9)

V
Vacina • Velhice • Veneno • Verdades inconvenientes • Vice-presidencialismo de coalizão • Vício • Vida noturna • Vingança • Vocabulário • Volatilidade (pp. 201-6)

X
Xadrez (pp. 207)

Índice onomástico   209

> Citação é o ato de repetir erroneamente
> as palavras de outrem.
>
> AMBROSE BIERCE

APRESENTAÇÃO

Este volume é a continuação atualizada, a sequência natural da *Antologia da maldade*, publicada em 2015, uma frondosa coleção de citações venenosas assumidamente inspirada no famoso *Dicionário do diabo*, de Ambrose Bierce, o clássico que deu início a esse gênero.

O dicionário de Bierce começou onde geralmente começam essas coisas (maliciosas), como coluna de jornal, em 1881,* evoluiu para um *Vocabulário do cínico*, na sua primeira publicação integral, como coletânea, em 1906, e posteriormente ganhou o formato atual e a consagração nos anos 1920.

Entretanto, a despeito dessas insinuações mefistofélicas, a maldade aqui efetivamente praticada, na linha de Bierce, é mais postiça do que realmente má. Na verdade, não passa de puro sarcasmo, às vezes até com boa intenção: uma coleção de travessuras, quase todas tendo a ver com torções e contorções do contexto.

O subtítulo da primeira antologia, pesado apenas na aparência, trazia muitas indicações sobre a filosofia da obra, que permanece totalmente válida para esta continuação: "Um dicionário de citações, associações ilícitas e ligações perigosas". Havia uma referência conjuntural muito clara à Operação Lava Jato, e não era acidental: coletâneas desse tipo dificilmente escapam de se tornar retratos ou caricaturas de uma época, ainda que aspirem a ultrapassá-los ao extrair lições que buscam a universalidade.

O momento é outro, mas não a nossa metodologia: onde tínhamos "contabilidade criativa" e "pedaladas", bem como a armazenagem do vento, agora temos outras esquisitices, como o "negacionismo" e aquelas decorrentes da polarização política extrema, sem esquecer as vacinas que convertem seres humanos em jacarés. Onde havia Dilma Rousseff agora temos Jair Bolsonaro.

---

* Atribuída por Bierce a um heterônimo, dr. John Satan.

Há óbvias diferenças, de natureza, mérito e de estilo, inclusive, sobretudo de leveza. O Brasil é realmente um desafio para quem quer enxergar o sentido do progresso.

O novo subtítulo para este segundo volume reconhece com clareza o novo contexto: "Epígrafes para um país estressado".

No primeiro livro, avultava a figura da presidenta, cuja profusão de tiradas extraordinárias criou dificuldades para os organizadores, especialmente no encaixe entre as falas presidenciais (sem as quais nenhum comentário sobre aquela atualidade faria sentido), talvez deliberadamente cômicas, e os pensamentos elevados que normalmente compõem as antologias de citações. Como seria o diálogo entre Winston Churchill, Jorge Luis Borges e Dilma Rousseff?

Mutatis mutandis, nesta continuação, é preciso lidar com as falas abundantes de Jair Bolsonaro, um desafio ainda mais difícil, e de outra natureza. O presidente raramente é irônico e leve, quase sempre é truculento e, amiúde, destituído de qualquer compostura. São outros tempos. Quando cômico, o presidente percorre a via do grotesco, por onde poucos conseguem acompanhá-lo.

Em ambos os casos de presidentes muito falantes, todavia, nossa postura foi a de guardar prudente distanciamento social desses personagens, os dois espaçosos e capazes de ocupar o livro inteiro.* Não foi esta a ideia, nem da primeira antologia nem da segunda, pois não quisemos montar coleções monotemáticas ou com protagonistas. Não escolhemos lados, tampouco estamos aqui para oferecer o retrato equilibrado de uma época polarizada. Para isso temos os jornais, não é mesmo? Mas quem está interessado em equilíbrio?

Na verdade, nosso interesse é estritamente químico — e focado na qualidade e sofisticação do veneno. Estamos à procura das toxinas mais peçonhentas, mais raras na natureza, e que vão se revelar duradouras e utilizáveis em outras situações, embora sempre lembrando que o contexto é, na maior parte dos casos, o lugar onde se define a exata dosagem de maldade.

---

* O leitor particularmente interessado nesses personagens pode se dirigir à bibliografia específica: *Dilmês: O idioma da mulher sapiens*, de Celso Arnaldo Araujo (Rio de Janeiro: Record, 2015), atende aos interessados na presidenta. Os interessados no presidente podem se dirigir ao *Desbolsonário de bolso*, das filósofas Luisa Buarque e Marcia Sá Cavalcante Schuback (Rio de Janeiro; Estocolmo: Zazie Edições, 2019. Disponível em: <https://zazie.com.br/wp-content/uploads/2021/05/DESBOLSONARIO-3.pdf>. Acesso em: 21 abr. 2022).

Vale lembrar que o Instituto Butantan, tão falado em tempos recentes por conta do debate sobre vacinas, já era famoso pela produção de soro antiofídico e pela preservação de muitas vidas ameaçadas por picadas de serpentes peçonhentas. A produção do soro salvador depende da precisa compreensão das moléculas do veneno. Pois então, em nome da ciência, conclamamos o leitor a conhecer o veneno, pois isso melhora as defesas contra mordidas de cobra.

Antologias como esta dependem de um fino equilíbrio entre uma sabedoria clássica, emanada da reflexão elevada de grandes homens e mulheres, mas também dos ventos da ocasião, das tiradas rápidas e felizes de personagens secundários, como acontece com as falas consagradas extraídas de Shakespeare, muitas das quais, talvez as melhores, vêm do bobo ou de sentinelas e auxiliares dos grandes heróis ou vilões. É uma fórmula engenhosa para introduzir o comentário do autor. Novamente, neste volume, vamos trabalhar com uma combinação entre "saberes imortais e também outras manifestações que não merecem a imortalidade e nem sequer cabem na definição de sabedoria", conforme definimos na introdução do primeiro livro.

Nossa antologia é autoral, uma vez que orientada pela complexidade da toxina e não necessariamente pela isenção, repita-se. A escolha das frases, bem como dos verbetes que servem para classificar a sabedoria que vem das citações, encerra mensagens importantes não apenas acerca dos contendores, mas sobre a serpente. Principalmente a serpente. Nossa perspectiva é a da cobra.

Ademais, vale sublinhar, muito da maldade, ou do veneno, reside em se abduzirem as frases de seu local de origem: tirá-las de seu contexto original de forma maldosa, eis a receita, e os verbetes procuram auxiliar o leitor quando tiver a necessidade de praticar a arcana arte do envenenamento verbal ou escrito. Afinal, o contexto é privilégio de quem faz a hora: o leitor.

Os autores de falas contundentes vivem reclamando, como Paulo Guedes, o "posto Ipiranga", o indefectível e falante ministro da Economia desses novos tempos: "Tudo o que eu falo é tirado de contexto", queixa-se. Pois é. Assim como os jornalistas se desculpam com o presidente, alegando que sua profissão é fazer perguntas enjoadas, nossa missão neste livro é distorcer o sentido original das coisas. Muitos podem não se sentir confortáveis com isso, é compreensível.

Em geral, o leitor, o patrão, quando abre um livro como este, possui um interesse específico, um assunto que o apoquenta, e para atendê-lo nós organizamos a coletânea tal como um dicionário no qual os verbetes refletem a movimentação na indústria do veneno.

Repare que o dicionário é uma ferramenta tão velha e consagrada quanto o próprio livro, é a prova de que os seres humanos são capazes de fazer magia, segundo ensina Carl Sagan no verbete "Tecnologia". É claro que o organizador pode errar a indexação ou, como em nosso caso, pervertê-la de propósito: o autor de um dicionário (de acordo com o próprio Bierce, um "perverso artifício literário para paralisar o crescimento de uma língua") é o dono do contexto. Ele pode levar as aspas para onde quiser, inclusive para bem longe de onde estava o sentido original na mente do autor da frase.

Além disso, como sabemos pelos dicionários, as "aspas" são o idioma em movimento, a aplicação mais nobre e exemplar das palavras ali homenageadas. Elas servem para esclarecer ou ilustrar, mas principalmente para incriminar.

No nosso primeiro volume observamos de partida que as "aspas" são a turbina básica do jornalismo, este primeiro rascunho da história. O que há de melhor para atestar um fato histórico que o testemunho, a confissão, o desabafo, a indiscrição, como os que coletamos nesses dois volumes? Afinal, o "uso consagrado" (de uma palavra como de uma frase) não deve ser uma determinação incontornável do sindicato dos lexicógrafos, nem deve ser obrigatório. O sentido pertence ao usuário, não?

Livros de epígrafes, frases e aforismos são um pouco como restaurantes: há muitos, mas sempre é possível haver mais, a depender do cardápio e da missão. O propósito declarado do que aqui se segue é dialogar com a realidade de um país nervoso, meio dilacerado em refeições familiares que terminam em gritos e palavras amargas de recriminação. Todos ralham e ninguém mais se entende. É meio ridículo, é preciso reconhecer. Pois então, esta coletânea pretende contribuir para aguçar o senso de ridículo da nação. As eleições passam, como os tiroteios e bombardeios.

Há dezenas de opções editoriais nossas, pequenas e grandes, sobre as quais valeria nos estendermos — mas é melhor não explicar. Se é preciso é porque não está bom. Adiante, entre os verbetes, o leitor terá mais material sobre essa tese tão fundamental.

Vale o registro, não obstante, de que o leitor tem diante de si um empreendimento binacional, uma verdadeira "Itaipu da Maldade". Um dos organizadores não apenas tem raízes argentinas — e portanto dispõe de lugar (além da musicalidade) de fala nesse assunto — como também acompanha de perto os achaques da política e da economia argentinas com a mesma profundidade com que seguimos em conjunto os solavancos da conjuntura brasileira. O paralelismo, como se sabe, é formidável e ilimitado. E mais: não é absurdo que o jornalista argentino Jorge Lanata tenha observado, a propósito da vitória de Donald Trump, que o peronismo chegou ao poder nos Estados Unidos. A doença se espalhou!

O populismo selvagem na versão americana e como a que temos vivido no Brasil é criatura bem conhecida na Argentina, onde existia bem antes de Trump e Bolsonaro. Perón foi presidente do país em três ocasiões, a primeira em 1946, ano em que nasceu Donald Trump. Voltaremos a esses paralelos ainda muitas vezes.

No que se segue há material abundante para *exaltar* o Brasil e a Argentina, pois são muitos os entusiastas, cada qual do seu jeito. Nos verbetes "Brasilidade" e "Argentinidade", por exemplo, é possível comparar os estilos nacionais de elogio ao país: a simpatia extrovertida dos brasileiros ou a paixão nostálgica dos "hermanos". Em ambos os casos, todavia, há muita gente que perdeu a paciência, senão a esperança, e farto material negativo sobre os dois países, emanado de quem possui autoridade para fazê-lo, como nos verbetes "Brasil, do contra" e "Argentina, *contrera*".* O Brasil possui uma longa tradição de detratores,** mas nada parece se comparar à efervescência recente nesse tópico — algo muito sério deve estar acontecendo.

No caso das "Futebolices", o leitor haverá de notar a fascinante diferença de perspectiva entre as falas apaixonadas de cada nação sobre seu futebol.

Uma derradeira observação: essa nossa arte profana, a dos aforismos, talvez esteja desaparecendo, tragada pelos memes nas redes sociais, que são como citações com efeitos especiais. É outra disciplina, distante da nossa, afastada como o cinema da literatura. Deliberadamente, ficamos distantes das redes sociais, de onde saem coisas extraordinárias, memes

---

* *Contrera* é a tradução em portenho do nosso "do contra".
** Há uma magnífica compilação em *Contra o Brasil*, de Diogo Mainardi (São Paulo: Companhia das Letras, 1998).

que podem destruir governos e mesmo superpotências. Quem sabe tenhamos de nos dedicar a uma antologia de memes no futuro. Talvez não. Tanta gente previu o fim do livro por conta da internet, e outras tantas coisas até mais ousadas, como vem documentado a seguir (o verbete "Profecias", nesse sentido, com perdão da redundância, é antológico). Enquanto isso, vamos aproveitar o que temos.

Os Organizadores
Rio de Janeiro, 31 de dezembro de 2021

PS: Cabe, à margem destas palavras introdutórias, agradecer o empenho e a dedicação de Gabriel Chianca, que com presteza e eficiência nos ajudou a organizar o caos de arquivos, manuscritos e resultados de consultas ao Google para identificar datas e créditos, facilitando enormemente a tarefa dos organizadores de ficar apenas com a parte divertida do trabalho.

" Abstração

Madame, a senhora está enganada. Isto não é uma mulher, isto é um quadro. **HENRI MATISSE** (1869-1954), pintor francês, a uma visitante indignada que, ao ver uma de suas telas numa exposição, reclamou: "Mas o braço dessa mulher é muito longo!".

O binômio de Newton é tão belo como a Vênus de Milo./
O que há é pouca gente para dar por isso.
ÁLVARO DE CAMPOS, heterônimo de Fernando Pessoa (1888-1935), escritor português

O Nordeste é como a América Latina — não existe. [...]
Existe o Ceará, o Maranhão, Pernambuco, a Bahia etc.
FERNANDO HENRIQUE CARDOSO (1931-), ex-presidente da República

" Acordo

Os tratados são como as meninas novas e as rosas: duram só enquanto duram. **CHARLES DE GAULLE** (1890-1970), ex-presidente da França

" Acordo tácito

Eles fingem que pagam, a gente finge que joga.
MARCOS ANDRÉ BATISTA SANTOS, O VAMPETA (1974-), ex-jogador de futebol, referindo-se a uma situação em que o clube em que atuava estava com os salários atrasados, e o time jogava mal

Os dirigentes fingem que nos pagam e nós fingimos trabalhar.
GRIGORI ZINÓVIEV (1883-1936), presidente do Soviete de Petrogrado, posteriormente fuzilado na União Soviética de Stálin

" Ajuste fiscal

Ajuste fiscal é como fazer abdominais: se não dói é porque não está bem-feito. **CARLOS MELCONIAN** (1956-), economista argentino

Custo é como unha. Tem sempre que cortar.
CARLOS ALBERTO "BETO" SICUPIRA (1948-), empresário

Minha primeira coluna [na Folha de S.Paulo, em 2006] tinha por título "Ajuste fiscal ou morte!", e desenvolvimentos posteriores deixam claro que optamos pela segunda alternativa.
ALEXANDRE SCHWARTSMAN (1963-), economista

O problema não é que os políticos não saibam o que fazer.
O que eles não sabem é como se reeleger se fizerem o que precisa ser feito.
JEAN-PIERRE JOUYET (1954-), secretário-geral do gabinete de François Hollande, ex-presidente da França, em 2016

O processo de transformação de uma empresa requer precisão cirúrgica no diagnóstico, determinação férrea (beirando a obsessão) na execução e resistência de aço para enfrentar a oposição que o projeto vai suscitar.
CLAUDIO GALEAZZI (1940-), consultor de empresas

Precisamos passar pelo inverno. **ÁLVARO ALSOGARAY** (1913-2005), ex-ministro da Economia da Argentina, nas décadas de 1950 e 1960, indicando que antes da prosperidade o país deveria passar por uma fase de ajuste

Sempre dá para fazer ajuste fiscal. Se depois dá para vencer as eleições, essa é outra história.
GUILLERMO CALVO (1941-), economista argentino, ao responder se dava para ajustar as contas públicas em ano eleitoral

Não houve um ajuste fiscal. O que houve foi uma redução do déficit público, que é algo muito diferente.
MARTÍN GUZMÁN (1982-), ministro da Economia da Argentina, em 2021

" Alternância de poder

Em 2018, [...] vou procurar um candidato [a presidente] que seja alternância de poder. **LEONARDO PICCIANI** (1979-), deputado, ex-líder do governo de Dilma Rousseff e ministro de Michel Temer

Eu sou apenas o inquilino do palácio de governo durante cinco anos.
LUIS LACALLE POU (1973-), presidente do Uruguai, em 2020

Não fazemos juramento a um rei ou rainha, tirano ou ditador. Juramos à Constituição. **MARK MILLEY** (1958-), general presidente do Estado-Maior Conjunto dos Estados Unidos, em janeiro de 2021, quando o Capitólio foi invadido em protesto contra a vitória de Joe Biden na eleição presidencial

Vamos supor que eu mande embora o Paulo Guedes hoje. Vou colocar quem lá? Teria de colocar alguém da linha contrária à dele, porque senão seria trocar seis por meia dúzia. Ele iria começar a gastar, e a inflação já está na casa dos 9%, o dólar em 5,30 reais, taoquei?
JAIR BOLSONARO (1955-), presidente da República

Não tem graça votar no Bolsonaro para derrotar o Lula e agora votar no Lula para derrotar o Bolsonaro. **CARLOS ALBERTO SARDENBERG** (1947-), jornalista

" Amadurecimento

As crianças começam amando os pais. Depois de algum tempo, elas os julgam. Raramente os perdoam. **OSCAR WILDE** (1854-1900), escritor irlandês

Tenho vontade, às vezes, de devolver tudo, mas tenho tentado melhorar como pessoa. **PAULO GUEDES** (1949-), ministro da Economia, rebatendo críticas feitas por seus colegas economistas

" Amizade

A amizade é uma espécie de amor que nunca morre.
MÁRIO QUINTANA (1906-1994), poeta

A amizade é um sentimento mais nobre do que o amor, eis que permite que o objeto dela se divida em outros afetos, enquanto o amor tem intrínseco o ciúme, que não admite a rivalidade.
PAULO SANT'ANNA (1939-2017), escritor

A melhor forma de perder um amigo é contratá-lo como empregado.
JORGE LANATA (1960-), jornalista argentino

Amistoso? Não existe amistoso quando Brasil e Argentina se enfrentam.
JAVIER MASCHERANO (1984-), ex-jogador de futebol, em resposta a um jornalista que lhe perguntou como encarava o amistoso contra o Brasil

É muito difícil não ser injusto com quem amamos.
OSCAR WILDE (1854-1900), escritor irlandês

Nada é mais tolo do que sacrificar uma amizade pela política.
MILAN KUNDERA (1929-), escritor tcheco

Numa amizade tipicamente inglesa, a primeira coisa a ser eliminada são as confidências, e, pouco tempo depois, o diálogo.
JORGE LUIS BORGES (1899-1986), escritor argentino

Se você precisa de alguém em quem confiar, confie em si mesmo.
BOB DYLAN (1941-), compositor e escritor americano

Ter amigos é essencial para acordar todo dia.
JOAN MANUEL SERRAT (1943-), poeta, compositor e cantor espanhol

É quase uma união estável. **JAIR BOLSONARO** (1955-), presidente da República, em live com o senador Chico Rodrigues, depois flagrado com dinheiro na cueca

" Aposentadoria

As pessoas cansaram de ver nossa foto nos jornais todo dia.
FELIPE GONZÁLEZ (1942-), ex-primeiro-ministro da Espanha, explicando a fadiga do poder

Como estamos vivendo mais tempo, chegamos a uma idade na qual não podemos continuar. Eu farei o mesmo que Bento XVI, pedirei ao Senhor que me ilumine quando chegar o momento e que me diga o que devo fazer — e ele vai me dizer, com certeza.
PAPA FRANCISCO, Jorge Mario Bergoglio (1936-), cidadão argentino

Líderes devem guiar enquanto são capazes. Depois, devem desaparecer.
H. G. WELLS (1866-1946), escritor inglês

" Apropriação

É minha, mas ele me soprou do além. **FERNANDO HENRIQUE CARDOSO** (1931-), ex-presidente da República, a Aécio Neves, quando este lhe perguntou se a frase "Como diria seu avô, o após fica para depois" era de fato de Tancredo Neves

Que inteligente é este escritor quando diz aquilo que eu tinha pensado toda a minha vida.
JONATHAN SWIFT (1667-1745), escritor irlandês

" Argentina, *contrera*

A Argentina é como um caminhão cheio de mercadorias valiosas que está atolado na lama. É preciso que todos empurremos ao mesmo tempo para tirar o caminhão do atoleiro e, assim, não perder o que temos.
MAURICIO MACRI (1959-), ex-presidente da Argentina, repetindo o que ouviu de um amigo, em 2017

A Argentina é um país de primatas.
BABY ETCHECOPAR (1953-), ator e apresentador argentino

A Argentina é um país razoavelmente medíocre, para quem é muito complicado lidar com a própria mediocridade, uma vez que possui crenças muito enraizadas que a levam a supor que deveria ser algo muito melhor do que de fato é. **ALEJANDRO KATZ** (1960-), ensaísta argentino

Os argentinos são uma cambada de ladrões, do primeiro ao último.
JORGE LUIS BATLLE IBÁNEZ (1927-2016), ex-presidente do Uruguai

Os argentinos têm um anão fascista dentro deles.
ORIANA FALLACI (1929-2006), jornalista italiana

Na Argentina, os professores se opõem às provas e os estatísticos estão contra os números. **JORGE LANATA** (1960-), jornalista argentino

Temos um país que fracassa quase o tempo todo no curto prazo, mas vive pensando no longo prazo. **JORGE LANATA**, sobre as estratégias políticas dos futuros candidatos à Presidência em 2017

Ninguém é mais culpado por nossos fracassos que nós mesmos.
MAURICIO MACRI (1959-), ex-presidente da Argentina, em 2017

Na Argentina, o militarismo terminou em catástrofe, a social-democracia em incêndio, o neoliberalismo em ruína e o populismo de esquerda em roubo. **JORGE FERNÁNDEZ DÍAZ** (1960-), jornalista argentino

" Argentinidade

A Argentina é um país onde as feridas nunca fecham.
JORGE LANATA (1960-), jornalista argentino

Na Argentina, fazemos campanhas a favor da neve e depois nos queixamos do frio. **JORGE FERNÁNDEZ DIAZ** (1960-), jornalista argentino, a propósito do costume nacional de reclamar de tudo

A Argentina é uma ficção. **JORGE FERNÁNDEZ DÍAZ**

A Argentina é vítima do populismo psiquiátrico. **IDEM**

Na Argentina, quando o ar cheira a fumaça, parte da elite brinca com os fósforos em vez de procurar o extintor de incêndio. **IDEM**

A Argentina sofre a maldição de exportar alimentos.
FERNANDA VALLEJOS (1979-), deputada federal argentina

In questa casa siamo tutti nervosi, anche il gatto. (Nesta casa estamos todos nervosos, até o gato.) **ALEJANDRO BORENSZTEIN** (1958-), jornalista argentino, definindo o espírito que impera nos lares de seu país

Na Argentina, o presente sempre se passa entre a escuridão e a bruma.
JOAQUÍN MORALES SOLÁ (1950-), jornalista argentino

O argentino é um indivíduo, não um cidadão.
JORGE LUIS BORGES (1899-1896), escritor argentino

Ser argentino é uma fatalidade. **IDEM**

O argentino vive atento, não ao que é de fato a sua vida, mas a uma imagem ideal que tem de si mesmo. O argentino gosta de si, aprecia a própria imagem. [...] O argentino típico não tem outra vocação além de ser o que se imagina ser, portanto, não entregue a uma realidade, mas a uma imagem. **JOSÉ ORTEGA Y GASSET** (1883-1955), filósofo e ensaísta espanhol

Nós os argentinos passamos metade do tempo olhando para o passado e a outra metade obcecados pelo presente, mas esquecemos de reservar um tempo para pensar no futuro.
AUGUSTO SALVATTO (1994-), especialista em relações internacionais argentino

Nós argentinos temos muitas qualidades, mas não sabemos jogar como equipe. **DIEGO SIMEONE** (1970-), técnico de futebol argentino, fazendo uma analogia entre o esporte e seu país

Los brasileiros salen de la selva,/ Los mexicanos vienen de los índios,/ Pero nosotros, los argentinos,/ Llegamos de los barcos. (Os brasileiros surgem da selva,/ Os mexicanos vêm dos índios,/ Mas nós, os argentinos,/ Chegamos nos barcos.) **LITTO NEBBIA** (1948-), compositor e cantor argentino

A Argentina será um país global, integrado, contemporâneo e protagonista. **MARCOS PEÑA** (1977-), ministro do governo de Mauricio Macri, ex-presidente da Argentina

Ser argentino implica ter uma tristeza genética, nacional.
ARTURO PÉREZ-REVERTE (1951-), escritor espanhol admirador da Argentina

" Arte

A arte é o sexo da imaginação.
GEORGE JEAN NATHAN (1882-1958), crítico de teatro americano

Toda obra de arte é filha de seu tempo.
WASSILY KANDINSKY (1866-1944), pintor russo

Quando um quadro começa a fazer sentido, jogo ele fora.
JACKSON POLLOCK (1912-1956), pintor americano

Na sociedade atual, não há nada mais relevante que o trivial.
JAIME DURÁN BARBA (1947-), marqueteiro político equatoriano atuante na Argentina

O BBB é o império da irrelevância.
PEDRO BIAL (1958-), jornalista e ex-apresentador do programa de TV Big Brother Brasil

" Arte degenerada

A arte alemã da próxima década será heroica, será ferreamente romântica, será objetiva e livre de sentimentalismo, será nacional com grande páthos e igualmente imperativa e vinculante, ou então não será nada.
JOSEPH GOEBBELS (1897-1945), ministro da Propaganda de Adolf Hitler (5 maio 1933)

A arte brasileira da próxima década será heroica e será nacional. Será dotada de grande capacidade de envolvimento emocional e será igualmente imperativa, posto que profundamente vinculada às aspirações urgentes de nosso povo, ou então não será nada.
ROBERTO ALVIM (1973-), ex-secretário especial da Cultura (16 jan. 2020)

" Ateísmo

Deus é uma invenção do homem.
GILBERTO GIL (1942-), compositor e músico

Deus talvez exista, mas a ciência pode explicar o Universo sem a necessidade de um criador. **STEPHEN HAWKING** (1942-2018), físico inglês

Eu deixei de acreditar no nacionalismo por causa dos nacionalistas.
JORGE LUIS BORGES (1899-1986), escritor argentino

Eu não pertenço a lugar nenhum.
SALMAN RUSHDIE (1947-), escritor indiano

Não acredito em Deus, mas acredito na Igreja.
TORCUATO DI TELLA (1892-1948), industrial argentino

O papa Francisco é o único homem que sabe com certeza que Deus não existe. **FABIÁN CASAS** (1965-), escritor argentino

" Ativismo

A inteligência voltada para o mal é pior do que a burrice.
HÉLIO PELLEGRINO (1924-1988), psicanalista

Ser maluco é uma coisa, não ter neurônios é outra. Tem gente que não tem neurônio, mas não é maluca. E tem gente maluca, mas com neurônios.
LUIZ CHRYSOSTOMO (1964-), economista

" Atualidade brasileira

Aos melhores falta toda a convicção, enquanto os piores estão tomados pela paixão intensa.
W. B. YEATS (1865-1939), poeta irlandês

Há esperança suficiente, esperança infinita — mas não para nós.
FRANZ KAFKA (1883-1924), escritor tcheco

Há sempre alguém mais idiota para ir atrás de um idiota.
JACQUES-BÉNIGNE BOSSUET (1627-1704), bispo e teólogo francês

Não são tempos para a facilidade e o conforto. É tempo para ousar e resistir. **WINSTON CHURCHILL** (1874-1965), ex-primeiro-ministro britânico

O hábito da desesperança é mais terrível que a desesperança em si.
ALBERT CAMUS (1913-1960), escritor franco-argelino

O problema é que o nosso sistema jurídico foi desenhado para que os culpados se livrem da cadeia, e não para que sejam presos.
JURISTA ARGENTINO ANÔNIMO

Poucas coisas corrompem tanto um povo quanto o hábito do ódio.
ANTONIO SCURATI (1969-), escritor italiano

Quando ouço falar em cultura, saco meu revólver.
HANNS JOHST (1890-1978), poeta e dramaturgo alemão alinhado aos nazistas

Talvez nada melhor do que a perda da fé num Julgamento Final distinga tão radicalmente as massas modernas daquelas dos séculos passados: os piores elementos perderam o temor, os melhores perderam a esperança.
HANNAH ARENDT (1906-1975), filósofa alemã

O conceito do Brasil no exterior desceu a zero. Ninguém quer mais nada com o Brasil. É um país considerado idiota.
AUGUSTO FREDERICO SCHMIDT (1905-1965), em carta a Roberto Marinho sobre as esquisitices do governo Jânio Quadros, em 1961

Que estranho é o Brasil, onde até um louco pode ser presidente, e eu não posso. **RUI BARBOSA** (1849-1923), político, em frase a ele atribuída, que teria sido dita após ele se reunir com o então presidente Delfim Moreira

O Brasil é um asilo de lunáticos onde os pacientes assumiram o controle.
PAULO FRANCIS (1930-1997), jornalista

Era para a gente estar nos *Jetsons*, e estamos voltando para os *Flintstones*.
RITA LEE (1947-), cantora e compositora

" Autocrítica

Não acredita em palavra de político não, rapaz! **TIRIRICA** (1965-), palhaço e político, quando concorreu à reeleição para deputado federal, a um jornalista que lhe cobrou o compromisso de não se candidatar mais de uma vez

Nós deveríamos ter trancado o Jânio Quadros no banheiro.
AFONSO ARINOS DE MELO FRANCO (1905-1990), político apoiador de Jânio

No golfe também sou o melhor. O problema é que ainda não aprendi a jogar. **MUHAMMAD ALI** (1942-2016), boxeador americano

Na vida pública as pessoas que exercem o poder não têm o direito de "esticar a corda" a ponto de prejudicar a vida dos brasileiros e sua economia. Por isso quero declarar que minhas palavras, por vezes contundentes, decorreram do calor do momento e dos embates que sempre visaram o bem comum. **JAIR BOLSONARO** (1955-), presidente da República, em "Declaração à nação", poucos dias depois de discursar em cerimônia do 7 de Setembro de 2021

" Autoengano

Eu leio o jornal de amanhã. **EIKE BATISTA** (1956-), empresário, gabando-se da sua capacidade de antecipar tendências

O monarca tropeçou, mas a monarquia não caiu.
D. PEDRO II (1825-1891), então imperador do Brasil, após tropeçar na chegada ao baile da Ilha Fiscal, pouco antes da Proclamação da República, em frase a ele atribuída

" Autoridade

Há menos arrogância numa reunião de prêmios Nobel que no diálogo entre autoridades dos três poderes. **PAULO DELGADO** (1951-), ex-deputado federal

Não se briga com médico em hospital. Hospital não é supermercado.
SANDRO DE AZAMBUJA (1970-), pesquisador especialista em previdência

B

" Bajulação

É impressionante o número de pessoas que passou a ganhar de mim no golfe depois que eu deixei a Presidência.
GEORGE H. W. BUSH (1924-2018), ex-presidente dos Estados Unidos

Não posso acreditar em um Deus que quer ser louvado o tempo inteiro.
FRIEDRICH NIETZSCHE (1844-1900), filósofo alemão

Prefiro elogios construtivos.
GENERAL ARTHUR DA COSTA E SILVA (1899-1969), ex-presidente da República, quando confrontado com o argumento de que as críticas ao seu governo eram "construtivas"

" Banco Central americano

Há políticas que não funcionam na teoria; só na prática.
BEN BERNANKE (1953-), economista, ex-presidente do Banco Central americano

Não há ateus numa trincheira, nem ideólogos numa crise financeira.
IDEM

O presidente do Banco Central é como um idiota no chuveiro: sempre tem dificuldade para encontrar a temperatura certa.
MILTON FRIEDMAN (1912-2006), economista americano

Saberemos em retrospectiva.
JEROME POWELL (1953-), economista, presidente do Banco Central americano, quando indagado acerca dos futuros passos da política monetária em seu país

" Bandidagem

A única diferença entre um ladrão e um ocupante de propriedades é que aquele rouba e vai embora, enquanto o ocupante rouba e fica no lugar.
BABY ETCHECOPAR (1953-), ator e apresentador argentino

As grandes negociatas são como o peixe na água: não deixam rastros.
CARLOS MENEM (1930- 2021), ex-presidente da Argentina

[Atrás das grades] todo mundo é inocente. O cara matou a avó, fritou o gato dela, comeu. Mas ele começa a conversar com você e a reclamar que é inocente. **JOSÉ DIRCEU** (1946-), político

Crimes não são cometidos no céu, e, em muitos casos, as únicas pessoas que podem servir como testemunhas são igualmente criminosas.
SERGIO MORO (1972-), ex-juiz da Operação Lava Jato e ex-ministro da Justiça de Jair Bolsonaro, em repetidas sentenças, ao destacar a impossibilidade de se identificarem casos de corrupção se uma das duas partes (corruptores ou corrompidos) não revelar a ilegalidade.

É um grande elogio para uma pessoa honesta ser confundida com um vigarista por um vigarista.
NASSIM NICHOLAS TALEB (1960-), matemático e escritor líbano-americano

O policial que descobre o cadáver não é o culpado do homicídio.
SERGIO MORO (1972-), ex-juiz da Operação Lava Jato e ex-ministro da Justiça de Jair Bolsonaro

Ou os honestos vencem ou vamos ficar na mão de mafiosos.
ELISA CARRIÓ (1956-), política argentina conhecida por suas denúncias contra políticos corruptos

Para viver fora da lei, você precisa ser honesto.
BOB DYLAN (1941-), compositor e escritor americano

Você tem que chegar à conclusão de que não pode fazer nada errado, mas eu não tinha essa concepção.
LÚCIO FUNARO (1974-), doleiro, delator na Operação Lava Jato

O compliance das empresas não vai funcionar se a pessoa não tiver caráter. **VINÍCIUS CLARET** (1961-), doleiro, conhecido como Juca Bala

" Barbárie

Um país civilizado é superior a um país bárbaro, mas pode não ser muito interessante. **JORGE LUIS BORGES** (1899-1986), escritor argentino

Você só consegue insultar um bárbaro falando a mesma língua que ele. **NASSIM NICHOLAS TALEB** (1960-), matemático e escritor líbano-americano

Vai comprar vacina na casa da sua mãe.
JAIR BOLSONARO (1955-), presidente da República

" Beleza interior

Acordo sempre de bom humor. **NICOLE KIDMAN** (1967-), atriz australiana, em resposta à pergunta de qual seria seu segredo para viver bem

Creio que nenhum homem tem plena consciência das engenhosas artimanhas a que recorre para escapar à sombra terrível do conhecimento de sua própria pessoa. **JOSEPH CONRAD** (1857- 1924), escritor polonês-britânico

As duas melhores coisas que podem acontecer a um pintor na atualidade são, primeiro, ser espanhol e, segundo, chamar-se Dalí. Ambas aconteceram comigo. **SALVADOR DALÍ** (1904-1989), pintor espanhol

Estava apaixonado por si mesmo, e não há nada mais inebriante. **RUY CASTRO** (1948-), escritor

Joia é um troço jeca. **ELISA MARGARIDA GONÇALVES, A ELISINHA** (1929-1988), ex-embaixatriz e ex-esposa do banqueiro Walther Moreira Salles

Disseram que fiz oito plásticas, mas nem eu sei o número exato. [...] Para mim, plástica é igual a pintar ou cortar o cabelo. Dá vontade, eu vou. **ANITTA** (1993-), compositora e cantora

Nenhum homem rico é feio.
ZSA ZSA GABOR (1917-2016), atriz húngara radicada nos Estados Unidos

O paranoico ama seu delírio tanto quanto a si mesmo.
SIGMUND FREUD (1856-1939), médico austríaco, pioneiro da psicanálise

Sou o número 1 do ranking dos seres humanos.
DAVID FERRER (1982-), tenista espanhol, em resposta à pergunta acerca de como se sentia sendo o número quatro do mundo, depois de Roger Federer, Rafael Nadal e Novak Djokovic

Você tem certeza de que quer convidar uma anã menopáusica para fazer o papel? **JUDI DENCH** (1934-), atriz inglesa, quando convidada pelo diretor Peter Hall para encarnar Cleópatra no teatro

Bolsonarices

Você está vendo que tenho um estilo que combina com o do presidente, porque a gente fala a verdade. A gente não está preocupado em agradar.
PAULO GUEDES (1949-), ministro da Economia, em resposta a uma jornalista, após eleição de Jair Bolsonaro, em outubro de 2018

[Bolsonaro] voltou a flertar com o golpismo e contou uma penca de mentiras [...] naquela sua live que mistura estética Al Qaeda com o antigo *Zorra Total*. **REINALDO AZEVEDO** (1961-), jornalista, sobre a live presidencial de 12 de março de 2021

Quando vejo a imprensa me atacar, dizendo que comprei 2 milhões e meio de latas de leite condensado, vai pra puta que o pariu! Imprensa de merda essa daí. É para enfiar no rabo de vocês aí. **JAIR BOLSONARO** (1955-), presidente da República, diante das acusações de que o seu governo teria incorrido em gastos excessivos com a aquisição de alimentos para as tropas

Tem que todo mundo comprar fuzil, pô. Povo armado jamais será escravizado. Eu sei que custa caro. Tem um idiota: "Ah, tem que comprar é feijão". Cara, se não quer comprar fuzil, não enche o saco de quem quer comprar. **JAIR BOLSONARO**

E daí? Lamento! Quer que eu faça o quê? Eu sou Messias, mas não faço milagre. **JAIR BOLSONARO**, ao ser informado que o Brasil tinha ultrapassado a marca de 5 mil mortes por Covid-19, em 2020

Muito do que tem ali é muito mais fantasia, a questão do coronavírus, que não é isso tudo que a grande mídia propaga.
JAIR BOLSONARO, nos Estados Unidos, em 10 de março de 2020

Não dou bola pra isso. **JAIR BOLSONARO**, em dezembro de 2020, sobre o Brasil começar depois de vários países o processo de vacinação contra a Covid-19

Não sou coveiro, tá certo? **JAIR BOLSONARO**, ao ser questionado sobre o número de mortes provocadas pela pandemia de Covid-19, em 2020

O Brasil tem que deixar de ser um país de maricas.
JAIR BOLSONARO, diante dos temores causados pela pandemia de Covid-19, em 2020

Os alemães têm muito a aprender com o Brasil. **JAIR BOLSONARO**, após uma declaração mais dura da então chanceler alemã, Angela Merkel

Se a mídia está criticando é porque o discurso foi bom.
JAIR BOLSONARO, acerca das críticas que recebeu pelo discurso na ONU em 2020

Vamos tocar a vida e buscar uma maneira de se safar desse problema.
JAIR BOLSONARO, ao ser indagado sobre os 100 mil óbitos causados pela Covid-19

Vou me arrepender porque fiz xixi na cama aos cinco anos? Saiu, pô.
JAIR BOLSONARO, em entrevista com jornalistas, explicando por que não se arrependia das declarações que dava

A Covid-19 apenas encurtou a vida [de algumas pessoas] por alguns dias ou algumas semanas. **JAIR BOLSONARO**

" Bolsonarismo

A política, na Espanha, carece de cortesia.
GIULIO ANDREOTTI (1919-2013), político italiano

Ao bater no líder, humilham-se as legiões que pensam como ele.
ANDREA RIZZI (1975-), jornalista italiano, sobre o desafio que é criticar os líderes populistas

Como republicano e como patriota sou hoje acessível a dois únicos sentimentos: o da tristeza e o da vergonha.
QUINTINO BOCAIUVA (1836-1912), político, em carta ao general Mena Barreto, em 1901

Nestes tempos, a adulação granjeia amigos, e a verdade, inimigos.
TERÊNCIO (185-159 A.c.), dramaturgo romano

O Brasil, infelizmente, continua mal-educado.
WASHINGTON OLIVETTO (1951-), publicitário

No mundo moderno, em diversos países, a qualidade da liderança está ficando defasada em relação à complexidade dos problemas.
HENRY KISSINGER (1923-), ex-secretário de Estado americano

O Brasil precisa de um choque de Iluminismo.
LUÍS ROBERTO BARROSO (1958-), ministro do Supremo Tribunal Federal

O bolsonarismo é um talibanismo numa versão tropical e carnavalesca, ou seja, ainda mais ridícula, mas não menos estúpida, violenta e potencialmente destruidora.
JOSÉ EDUARDO AGUALUSA (1960-) escritor e cronista angolano

O tambor faz muito barulho, mas é vazio por dentro.
BARÃO DE ITARARÉ, pseudônimo de Apparício Torelly (1895-1971), jornalista e humorista

Quando a política entra por uma porta do quartel, a disciplina sai pela outra.
GENERAL PERI BEVILAQUA (1899-1990), ao argumentar que juízes militares não deviam julgar atos políticos de civis, em 1968

Discute-se a última de Paulo Guedes da mesma forma que se debate a última de Bolsonaro.
MÍRIAM LEITÃO, (1953-), jornalista, em *O Globo* (29 ago. 2021)

Quando os amigos deixam de jantar com os amigos (por causa da ideologia), é porque o país está maduro para a carnificina.
NELSON RODRIGUES (1912- 1980), jornalista e dramaturgo

" Brasil, do contra

Vocês não têm salvação. É muita cachaça e pouca oração.
PAPA FRANCISCO, Jorge Mario Bergoglio (1936-), cidadão argentino, em audiência geral, quando solicitado por um brasileiro a rezar por seus conterrâneos

Há dias ruins e outros piores.
LUÍS ROBERTO BARROSO (1958-), ministro do Supremo Tribunal Federal

Triste país em que, quando todos resolvem andar na mesma direção, invariavelmente é em marcha à ré. **VERA MAGALHÃES** (1972-), jornalista

O Brasil é um país psicodélico.
GILMAR MENDES (1955-), ministro do Supremo Tribunal Federal

O Brasil está casado com a mediocridade.
SAMUEL PESSÔA (1963-), economista

O Brasil não corre o menor risco de dar certo.
ROBERTO CAMPOS (1917-2001), economista e ex-ministro do Planejamento

O Brasil não deu certo.
LUCIANO HUCK (1971-), apresentador de TV

O Brasil não gosta do Brasil.
TOM JOBIM (1927-1994), maestro e compositor

O que a gente percebe no país é uma desorganização geral, a normalização da falta de caráter [...] e outras vergonhas nacionais.
MÁRIO DE ANDRADE (1893-1945), poeta e escritor

Quando estamos fora, o Brasil dói na alma; quando estamos dentro, dói na pele. **STANISLAW PONTE PRETA**, pseudônimo do jornalista Sérgio Porto (1923-1968)

Quem vai querer investir num país desses?
RODRIGO MAIA (1970-), deputado federal, ao saber que o
ex-procurador geral da República Rodrigo Janot tinha dito que quase
matara o ministro Gilmar Mendes para depois se suicidar

Talvez o Brasil já tenha acabado e a gente não tenha se dado conta.
PAULO FRANCIS (1930-1997), jornalista

Um banco público financiando com juros menores do que a inflação a compra de uma mansão com preço abaixo do mercado por um senador enrolado com a Justiça tem mais cara de Brasil do que praia, carnaval e futebol. **ROBERTO ELLERY** (1975-), economista

" Brasilidade

Não há [...] no mundo figura humana tão complexa, tão rica,
tão potencializada como o brasileiro.
NELSON RODRIGUES (1912-1980), jornalista e dramaturgo

[No Brasil], o absurdo surge aos borbotões e coabita com
a normalidade, e a convivência às vezes é tão próxima e tão íntima
que parece, até, tratar-se de inseparáveis irmãos siameses.
FLÁVIO TAVARES (1934-), jornalista

No Brasil, o nosso paradoxo é que as pessoas não se percebem
como os outros as enxergam.
EDUARDO GIANNETTI (1957-), economista

O Brasil é a república das corporações.
CRISTOVAM BUARQUE (1944-), ex-senador

Somos uma nação que cultiva a dependência. Preferimos perder com
alguma segurança que correr o risco de ganhar mais.
LUIZ FELIPE PONDÉ (1959-), filósofo

O Brasil tem a cultura da pulseirinha VIP.
MARCOS PALMEIRA (1963-), ator

O brasileiro é um feriado.
NELSON RODRIGUES (1912 -1980), escritor

Por amor ao passado, o Brasil perdeu o presente e comprometeu seu futuro. **ROBERTO CAMPOS** (1917-2001), economista e ex-ministro do Planejamento

Quero mudar o Brasil. Não quero me mudar do Brasil.
CÁRMEN LÚCIA (1954-), ministra do Supremo Tribunal Federal

Vivemos numa República em que ninguém é republicano.
ROBERTO DAMATTA (1936-), antropólogo

Vossa Excelência vai mudando a jurisprudência de acordo com o réu. Isso não é Estado de Direito: é estado de compadrio.
LUÍS ROBERTO BARROSO (1958-), ministro do Supremo Tribunal Federal, em debate acalorado com seu colega Gilmar Mendes

" Bravata

É fácil ser durão sem fazer conta.
BERNARD APPY (1962-), economista, sobre os pendores tributantes no Parlamento

Quando acaba a saliva, tem que ter pólvora.
JAIR BOLSONARO (1955-), presidente da República, ameaçando os Estados Unidos em função das declarações do presidente eleito, Joe Biden, sobre a questão ambiental

C

" **Cadeira**

A cabeceira é onde eu estou sentado.
TANCREDO NEVES (1910-1985), político, então primeiro-ministro,
a um parlamentar que, numa reunião, ofereceu-lhe a cabeceira da mesa.

O homem pensa com a bunda. **FÁBIO ERBER** (1944-2011), economista, acerca
da influência da cadeira ocupada pela pessoa sobre suas manifestações políticas

" **Camaradagem**

Deus me livre! **ANTONIO PALOCCI** (1960-), ex-chefe da Casa Civil, em resposta
a um interlocutor que, enquanto esperavam o avião, lhe perguntou se ele queria
que chamasse alguém do PT para lhe fazer companhia, em 2003

Duvide sempre, mas principalmente daqueles com quem você concorda.
RODRIGO ZEIDAN (1975-), economista

É um casamento sem sexo. Aliás, se é assim, é um casamento mesmo.
ARNALDO CEZAR COELHO (1943-), ex-comentarista de arbitragem no futebol,
sobre sua relação com o locutor Galvão Bueno

Para um peronista, não há nada melhor que outro peronista.
JUAN DOMINGO PERÓN (1895-1974), ex-presidente da Argentina

Você é uma mistura do mal com o atraso e pitadas de psicopatia.
LUÍS ROBERTO BARROSO (1958-), ministro do Supremo Tribunal Federal,
ao seu colega Gilmar Mendes

Os peronistas se odeiam tanto que não sobra ódio para o resto.
JORGE LUIS BORGES (1899-1986), escritor argentino

No peronismo, todos se conhecem e ninguém confia em ninguém.
JULIO BLANCK (1954-2018), jornalista argentino

❝ Campeões nacionais

Até como keynesiano eu sou melhor.
PAULO GUEDES (1949-), ministro da Economia

Falou em "setores estratégicos", sei que vai sair caro.
VINICIUS CARRASCO (1976-), economista

O BNDES financiou de tudo: do alfinete ao foguete.
CLAUDIA PRATES (1967-), ex-diretora do BNDES

❝ Cancelamento

O antissemitismo é o socialismo dos tolos.
FERDINAND KRONAWETTER (1838-1913), político austríaco, em 1890,
quando seus colegas do Império Austro-Húngaro
responsabilizaram os judeus pelos males socioeconômicos

O assassinato é a forma mais radical de censura.
BERNARD SHAW (1856-1950), dramaturgo irlandês

Odeio Wagner, mas o odeio de joelhos.
LEONARD BERNSTEIN (1918-1990), maestro, compositor e pianista americano,
de origem judaica, opinando sobre a música de Wagner, notório antissemita

Quando você quer destruir um adversário,
não há nada melhor do que o ignorar.
CARLOS CORACH (1935-), político argentino, constatando
o efeito contraproducente que algumas campanhas políticas
produzem nas intenções de voto

Um pouco de desprezo poupa muito ódio.
JACQUES DEVAL (1895-1972), dramaturgo e cineasta francês

Canibalismo

A sociedade brasileira está dividida entre duas tribos antropófagas.
ANTONIO DELFIM NETTO (1928-), economista e ex-ministro da Fazenda, sobre a eleição de 2018

Eles te odeiam. Você tem que se dar conta disso.
OMAR PEROTTI (1959-), político argentino, governador da província de Santa Fé, ao também político Daniel Scioli, sobre a forma como o governo de Cristina Kirchner tratava o próprio candidato

Há pretensos revolucionários [que], para terminar com a antropofagia, optam por comer os canibais.
JORGE FERNÁNDEZ DÍAZ (1960-), jornalista argentino

Não se almoça com quem quer nos jantar.
ANTONIO CALLADO (1917-1997), escritor e jornalista, em inscrição numa faixa quando o então presidente Arthur da Costa e Silva visitou a ABI para almoçar, em 1968

O Congresso não perdoa quem está fraco.
RENATO CASAGRANDE (1960-), governador do Espírito Santo

Cansaço

De alguma forma nos acanalhamos.
GRACILIANO RAMOS (1892-1953), escritor

Estou pensando em trancar minha matrícula de brasileiro.
OTTO LARA RESENDE (1922-1992), jornalista e escritor, em tempos tristes

O Brasil me exaure. **CAIO DE BRITTO** (1974-), engenheiro

A Argentina é "invivível".
ANTONIO LAJE, jornalista argentino

O Brasil, às vezes, enche. Principalmente nesta grande e quente aldeia que é o Rio de Janeiro, onde, com meia hora de conversa em um clube ou

uma boate, qualquer pessoa física fica sabendo das ligações,
dos compromissos, das fraquezas e das tediosas intimidades
de um pequeno grupo de pessoas que se ajudam, se enganam,
se friccionam e se alisam — essas pessoas que se acreditam e,
ao menos aparentemente, são mesmo o Brasil.
RUBEM BRAGA (1913-1990), escritor, na crônica "Cansaço", *Correio da Manhã* (out. 1952)

" Capilaridade

Dilma está comprometida até o último fio de cabelo com as delações
da marqueteira. **JORGE BASTOS MORENO** (1954-2017), jornalista, ao saber que,
na delação de Mônica Moura na Lava Jato, se mencionou que até o cabelereiro
de Dilma Rousseff teria sido pago com dinheiro de propina

Esconder minha careca é um inferno. Requer um trabalho árduo.
DONALD TRUMP (1946-), ex-presidente dos Estados Unidos

" Caridade

Para ser generoso, é preciso ser rico.
ARISTÓTELES (384 a.C.-322 a.C.), filósofo grego

Davos é o lugar onde os bilionários explicam aos milionários
o que sente a classe média.
JAMIE DIMON (1956-), bilionário americano, presidente do JP Morgan

Nunca se deve dar esmola sem luvas de pelica, porque o contato da miséria
não aumenta a grandeza da ação. **MACHADO DE ASSIS** (1839-1908), escritor

" Carioquice

Carioca legítimo é aquele que, tendo que resolver um problema urgente,
adia-o para o dia seguinte, entre três e seis da tarde, chega às oito e ainda
bronqueia porque a pessoa com quem marcou encontro não o esperou.
J. CARLOS (1884-1950), chargista e ilustrador

Em São Paulo, constrói-se (ou se deixa construir) a vida; no Rio, consome-se a vida (ou se deixa consumir). **PAULO MENDES CAMPOS** (1922-1991), escritor

Este é o nosso Rio de Janeiro. É uma esculhambação completa.
MARCELO CRIVELLA (1957-), ex-prefeito do Rio de Janeiro

Comentam no Palácio Guanabara que deputado é igual jujuba: em qualquer esquina você pode comprar.
ANDRÉ CECILIANO (1968-), presidente da Assembleia Legislativa do Rio de Janeiro, quando se discutia o possível impeachment do governador Wilson Witzel, em 2020

O carioca tem o gosto e o dom de igualar os homens, de refugar as sofisticações, de considerar apenas em cada pessoa, independentemente de qualquer valor, a sua capacidade de convívio.
PAULO MENDES CAMPOS (1922-1991), escritor

O Rio, em verdade, não é mais do que um imenso parque de diversões.
MARQUES REBELO, pseudônimo de Eddy Dias da Cruz (1907-1973), escritor

Por um lado, é muito bom. Por outro lado, é Niterói.
MAX NUNES (1922-2014), humorista, por ocasião da inauguração da ponte Rio-Niterói

Qual foi o lugar mais estranho em que fiz amor? São Paulo.
BUSSUNDA, apelido de Cláudio Besserman Viana (1962-2006), humorista

" Carreira

Aprendi muito rápido a me recuperar de fracassos. Tive muitos na carreira. Mas é mais difícil se recuperar de um êxito.
JORGE DREXLER (1964-), cantor uruguaio

Melhor ser um pirata do que entrar para a Marinha.
STEVE JOBS (1955-2011), empresário americano, fundador da Apple ao encorajar os jovens a "piratear" boas ideias

Todo padre quer ser papa. **MAURICIO MACRI** (1959-), ex-presidente da Argentina, sobre as aspirações presidenciais na política

Vai ser bom para a carreira dele. **MICHAEL O'DONOGHUE** (1940-1994), humorista americano, criador do *Saturday Night Live*, ao saber da morte de Elvis Presley

Você não precisa ter sido um cavalo para ser jóquei. **ARRIGO SACCHI** (1946-), ex-técnico de futebol italiano, criticado por não ter sido jogador

Você quer vender água com açúcar para o resto da vida ou você quer vir comigo mudar o mundo? **STEVE JOBS** (1955-2011), fundador da Apple, ao convidar John Sculley, então presidente da Pepsico, para ser CEO de sua empresa

" Casamento

Eu sou solteira e feliz. Chego em casa, olho o que tem na geladeira e vou para a cama. As casadas olham o que tem na cama e vão para a geladeira.
SUZANA PIRES (1976-), atriz, em fala da personagem Suzie,
no filme *De perto ela não é normal*

Não existe o amor. Existem o amor e as circunstâncias.
DANUZA LEÃO (1933-), jornalista e escritora

No casamento, cada parte tem seus gostos, e eles são incompatíveis com a outra parte, portanto, cada um puxa para seu lado.
Um tenta ir para o norte e outro para o sul. O resultado é que ambos acabam indo para o leste, onde nenhuma das duas partes queria ir.
BERNARD SHAW (1856-1950), dramaturgo irlandês

O amor é cego, mas o casamento lhe restitui a visão.
GEORG LICHTENBERG (1742-1799), escritor e físico alemão

O casamento é como a pessoa que quer tomar um copo de leite e compra uma vaca. **MAX NUNES** (1922-2014), humorista

O fardo do casamento é tão pesado que precisa de dois para carregá-lo — e às vezes de três. **ALEXANDRE DUMAS** (1802-1870), escritor francês

Quando acabaram os combates de gladiadores, os cristãos instituíram a vida conjugal. **GUIDO CERONETTI** (1927-2018), poeta e filósofo italiano

Sou uma ótima dona de casa. Toda vez que me divorcio eu fico com a casa.
ZSA ZSA GABOR (1917-2016), atriz húngaro-americana que colecionou diversas casas e nove maridos

Os melhores amigos de uma mulher são os advogados do divórcio.
IDEM

Pedir o divórcio só porque você não ama um homem é uma bobagem tão grande quanto se casar com um homem apenas porque está apaixonada por ele. **IDEM**

Quando um homem se casa com a amante está automaticamente criando uma vaga. **JIMMY GOLDSMITH** (1933-1997), bilionário franco-britânico

Se o amor é cego, por que a maioria dos homens é atraída só por mulheres lindas? **BEVERLY MICKINS** (1950-2020), atriz americana

Um romancista cavalheiro não fala quanto paga de impostos, nem escreve a respeito de suas ex-mulheres ou ex-namoradas.
HARUKI MURAKAMI (1949-), escritor japonês

" Catarse

Toda eleição presidencial [...] é uma psicanálise coletiva.
MARC BASSETS (1974-), jornalista espanhol

Uma campanha presidencial é como uma colonoscopia duradoura.
ROBERT GIBBS (1971-), secretário de imprensa da campanha de John Kerry à Presidência dos Estados Unidos em 2004

Uma nação é um plebiscito cotidiano.
ERNEST RENAN (1823-1892), filósofo francês e um dos precursores da reflexão sobre nacionalismo

Nossa profissão é de suar a alma.
FERNANDA MONTENEGRO (1929-), atriz

" Centrão

É preciso ser governista no campo estadual e federal.
O governo mudou, mas eu não mudo: fico com o governo.
CORONEL MANUEL INÁCIO, "coronel" do interior

Nós corremos depressa em auxílio do vencedor.
FELIPE SOLÁ (1950-), ex-governador da província de Buenos Aires,
com autoironia, falando sobre os políticos

A eleição passou, tem que ajudar a governar. Não pode,
em hipótese alguma, pensar em atrapalhar porque perdeu a eleição. [...]
A bancada está sempre discutindo a melhor forma de ajudar.
JOVAIR ARANTES (1951-), deputado federal

Essa aliança é que nem casamento com prostituta.
Se não esquecer o passado, não tem como funcionar.
HERÁCLITO FORTES (1950-), político, sobre a aliança dos dissidentes da antiga
Arena com o PMDB para eleger Tancredo Neves à Presidência da República

No Brasil, os partidos que se consideram progressistas disputam quem
vai controlar o atraso para fazer o atraso andar.
FERNANDO HENRIQUE CARDOSO (1931-), ex-presidente da República

Os ritos parlamentares são a expressão de uma arte que, com sabedoria,
admite a necessidade de artifícios para dominar as paixões.
RAYMOND ARON (1905-1983), filósofo francês

Ou muda [o Ministério] ou não se vota mais nada aqui no Congresso.
ARTHUR LIRA (1969-), parlamentar do PP, em 2017, definindo o espaço a ser ocupado
pelo Centrão no governo Michel Temer

" Ciência

A ciência sou eu.
D. PEDRO II (1825-1891), então imperador do Brasil,
sobre seu apoio às atividades científicas no país

Em Deus nós acreditamos. Para todo o resto, tragam evidências.
WILLIAM EDWARDS DEMING (1900-1993), estatístico americano

Eu não sou aventureiro. Aventureiro é quem atravessa a avenida Paulista sem olhar. **AMYR KLINK** (1955-), navegador, primeira pessoa a fazer a travessia do Atlântico Sul a remo

Cientistas nunca tiveram muita presença na nossa imaginação. [...] O país tinha cineasta demais para matemático de menos. As pontes cairiam, mas seriam lindamente filmadas. Claro, eram outros tempos. Hoje, tanto artistas quanto cientistas se tornaram invisíveis, quando não indesejáveis.
JOÃO MOREIRA SALLES (1962-) documentarista e produtor de cinema

Hoje há estudos que mostram que quem mais caminha para o óbito por coronavírus é o obeso e quem está apavorado. Falei isso no início do ano passado. Todo mundo aumentou de peso ficando em casa. Ok?
JAIR BOLSONARO (1955-), presidente da República

A academia está para o conhecimento como a prostituição está para o amor: perto o suficiente na superfície, mas, para o bom entendedor, não exatamente a mesma coisa.
NASSIM NICHOLAS TALEB (1960-), matemático e escritor líbano-americano

Apresentações em seminários para a pessoa ser criticada, na academia, são comparáveis a uma colonoscopia: algo desagradável que é para o nosso próprio bem. **LUIGI ZINGALES** (1963-), economista italiano

Não há dois lados na ciência. **TATIANA ROQUE** (1970-), professora e matemática, coordenadora do Fórum de Ciência e Cultura da UFRJ

66 Clientelismo

O único posto disponível é o meu. Se precisar, eu me demito.
ENGENHEIRO PABLO NOGUÉS (1877-1943), então presidente da empresa estatal argentina de trens, em 1932, ao presidente da época Agustín R. Justo, quando este pediu que encontrasse um emprego para um sobrinho. Diante da resposta, o ex-presidente não insistiu

Por que meu filho não deveria ser nomeado? Só porque é meu filho? Ele deveria ser punido? **SEVERINO CAVALCANTI** (1930-2020), ex-deputado federal

Quem pede tem preferência, quem se desloca recebe.
NENÉM PRANCHA (1906-1976), "filósofo" do futebol

Só porque a pessoa é parente é pior que outra?
RICARDO BARROS (1959-), deputado federal

Se eu tivesse de escolher entre trair meu país ou meu amigo, espero ter a coragem de trair meu país.
E. M. FORSTER (1879-1970), escritor inglês

A amizade é a mais íntima das paixões argentinas.
JORGE LUIS BORGES (1899-1986), escritor argentino

" Cloroquina

A gente testou em animais, a gente testou em humanos, a gente só não testou em emas porque as emas fugiram, mas no resto a gente testou em tudo.
NATALIA PASTERNAK (1976-), bióloga

Avança a "pazuellização" do Brasil.
CARLOS ANDREAZZA (1980-), jornalista

Paulo Guedes é o Pazzuello da economia.
DIOGO MAINARDI (1962-), jornalista e escritor

O Afeganistão é o resultado mais atual e visível do trabalho de um monte de pazuellos que falam inglês. **CORA RÓNAI** (1953-), jornalista

Médico de pobre é pai de santo.
ZECA PAGODINHO (1959-), compositor e cantor

Achava que terapia de negão era o candomblé.
SEU JORGE (1970-), cantor e ator, ao iniciar tratamento psicanalítico

" Coerência

Ele [o presidente Jair Bolsonaro] já afirmou veementemente que nada sabe de economia; não satisfeito, se esforça para provar esta verdade a cada declaração.
ALEXANDRE SCHWARTSMAN (1963-), economista

Se você é daqueles que pensam que não deveríamos nos preocupar com a sustentabilidade fiscal pelo fato de não sabermos com precisão qual é o limite da dívida, substitua "sustentabilidade fiscal" acima por "aquecimento global" e tente recuar dez ou vinte anos.
HANNO LUSTIG, economista americano

A coerência é o último refúgio dos imbecis.
OSCAR WILDE (1854-1900), escritor irlandês

" Comunismo

O dinheiro é o esterco do diabo.
PAPA FRANCISCO, Jorge Mario Bergoglio (1936-), cidadão argentino

Dinheiro é como adubo: só serve quando espalhado.
OSCAR WILDE (1854-1900), escritor irlandês

Só a China tem mais cidades comunistas que o Maranhão.
FLÁVIO DINO (1968-), governador do Maranhão, do PCdoB, depois das eleições municipais de 2016

O único país do mundo onde o comunismo é levado a sério é o Brasil.
PAULO FRANCIS (1930-1997), jornalista

" Constituição

No Brasil, a racionalidade é inconstitucional.
BERNARD APPY (1962-), economista

O afastamento da letra da Constituição pode muito bem promover
objetivos constitucionais de elevado peso normativo e, assim, esteirar-se
em princípios de centralidade inconteste para o ordenamento jurídico.
GILMAR MENDES (1955-), ministro do Supremo Tribunal Federal

A Constituição pertence aos vivos.
THOMAS JEFFERSON (1743-1826), ex-presidente e um dos Pais Fundadores
dos Estados Unidos, reconhecendo a possibilidade de que certos pactos nacionais
fossem revistos com o tempo

As leis são feitas pelo Estado para controlar o povo.
A Constituição é feita pelo povo para controlar o Estado.
CARLOS AYRES BRITTO (1942-), ex-ministro do Supremo Tribunal Federal

A Constituição é aquilo que os juízes dizem que é.
CHARLES EVANS HUGHES (1862-1948), ex-magistrado da Suprema Corte
dos Estados Unidos, em 1907

" Contabilidade criativa

A aritmética não é de direita nem de esquerda. Para o bem ou para o mal,
a matemática é indiferente às escolhas ideológicas. Dois mais dois
é igual a quatro nos Estados Unidos, na China ou na Venezuela.
LUÍS ROBERTO BARROSO (1958-), ministro do Supremo Tribunal Federal,
em resposta a seu colega, ministro Ricardo Lewandowski, que declarara que
"a análise econômica do direito era coisa da direita"

Na Argentina, senhores, a matemática é subjetiva: o resultado de dois mais
dois é "depende", e não quatro. **JORGE LANATA** (1960-), jornalista argentino,
sobre a "contabilidade criativa" do governo.

Estamos diante de uma situação insólita.
LUIS SEGURA, presidente interino da Associação de Futebol Argentino, ao divulgar
o resultado das eleições para a presidência da associação no novo ciclo, em vista da
infiltração de um voto clandestino. A votação ficou empatada com 38 votos para cada
candidato, embora tenham votado 75 dirigentes.

" Cordialidade

Eu não quero ter razão. Quero é ser feliz.
FERREIRA GULLAR (1930-2016), poeta e escritor

A convivência não é uma opção nem uma virtude: é uma obrigação. Em política, não deve haver inimigos.
JUAN MANUEL URTUBEY (1969-), político argentino, governador da província de Salta

Não se lidera na base da pancada. Isso qualquer idiota consegue fazer, mas é apenas uma agressão. Liderança é persuasão, conciliação, educação e paciência. Um trabalho longo, lento e difícil.
DWIGHT EISENHOWER (1890-1969), ex-presidente dos Estados Unidos

O Estado é impessoal, mas o argentino só consegue conceber relações pessoais. **JORGE LUIS BORGES** (1899-1896), escritor argentino

O que eu espero, senhores, é que, após um razoável período de discussão, todo mundo concorde comigo.
WINSTON CHURCHILL (1874-1965), ex-primeiro-ministro britânico

Por mais que se possa deplorar a violência, para fincar nossas ideias nos cérebros refratários tínhamos de plantá-las ao som de bordoadas.
BENITO MUSSOLINI (1883-1945), líder fascista italiano, em discurso no Teatro Comunale de Bolonha, em 3 de abril de 1921

Falar mal pela frente constrange quem fala e quem ouve. Não custa nada esperar que a pessoa dê as costas.
ARIANO SUASSUNA (1927-2014), escritor

Verdades, só pelas minhas costas. **VINICIUS DE MORAES** (1913-1980), poeta

" Coronelismo

Diga sempre que é solidário com o governo. Tudo se reduz a obedecer. Obedeça e terá politicamente acertado. Do contrário, o senhor sabe: estou eu aqui com o facão. **JOÃO PINHEIRO** (1860-1908), político republicano no período do Segundo Império

Nós vamos agora construir. O governo federal, o presidente
da República, do qual eu sou líder, vai construir 70 mil casas populares
no Brasil. Destas 70 mil, 4 mil vão ser para Sergipe. E sabe quem é o
único cara de Sergipe, no meio de 2 milhões de sergipanos que existem,
o único que vai distribuir onde vão ser construídas essas 4 mil casas?
André Moura. Fazer o quê? Doa a quem doer.
ANDRÉ MOURA (1972-), então líder do governo Temer na Câmara dos Deputados, em
2016, em campanha para a eleição de sua esposa para a prefeitura de Japaratuba (SE)

" Corporativismo

Nacer becado, vivir empleado, morir jubilado.
(Nascer bolsista, viver funcionário público, morrer aposentado.)
LUCIO V. MANSILLA (1831-1913), escritor argentino, definindo o ideal de vida em seu país

Soldados são mais leais a seus camaradas (e dispostos a morrer por eles)
que a seu país. Acadêmicos são mais leais a seus pares que à verdade.
NASSIM NICHOLAS TALEB (1960-), matemático e escritor líbano-americano

" Correção monetária

A indexação é um mecanismo de primeira categoria
para economias de segunda classe.
MILTON FRIEDMAN (1912-2006), economista americano

O dinheiro corrompe aqueles que falam (e escrevem) sobre o assunto
muito mais do que aqueles que o ganham.
NASSIM NICHOLAS TALEB (1960-), matemático e escritor líbano-americano

Todas as herdeiras são bonitas.
JOHN DRYDEN (1631-1700), dramaturgo inglês

" Corrupção

Dez por cento da polícia é totalmente corrupta. Dez por cento da polícia é totalmente honesta. Os outros 80% gostariam de ser honestos.
FRANCESCO VINCENT SERPICO (1936-), policial que combateu a corrupção da corporação em Nova York na década de 1970

Esta Câmara é graneira. **CLAUDIA LAUAND** (1969-), vereadora do município fluminense de Teresópolis, *O Globo* (8 nov. 2017)

Ninguém está aqui de graça, não, meu filho.
E ninguém defende ninguém de graça.
ROCSILVAN REZENDE DA ROCHA (1970-) vereador do município fluminense de Teresópolis, *O Globo* (8 nov. 2017)

O Brasil é o país que, numa pandemia, sai do confinamento antes dos hospitais de campanha terem sido inaugurados.
MARCELO MADUREIRA (1958-), humorista

O poder não corrompe o homem. É o homem que corrompe o poder.
ULYSSES GUIMARÃES (1916-1992), político

O que ocorreu no período petista é que usufruir do governo passou a ser melhor do que prosperar por si.
PAULO DELGADO (1951-), ex-deputado federal do PT, *Valor* (5 fev. 2016)

Quando uma sociedade se corrompe, a gangrena começa pela linguagem.
OCTAVIO PAZ (1914-1998), escritor mexicano

Tem pata de jacaré, papo de jacaré, dentes de jacaré, garras de jacaré... e não é jacaré?
LEONEL BRIZOLA (1922-2004), político, sobre certas atitudes dissimuladas no legislativo

Mete dinheiro na bolsa — ou no bolso, diremos hoje, e anda, vai para diante, firme, confiança na alma, ainda que tenhas feito algum negócio escuro. Não há escuridão quando há fósforos. Mete dinheiro no bolso. Vende-te bem, não compres mal os outros, corrompe e sê corrompido, mas não te esqueças do dinheiro, que é com que se compram os melões.

Mete dinheiro no bolso. [...] *Make money*. E depressa, depressa, antes que o dinheiro acabe.
MACHADO DE ASSIS (1839-1908), escritor

" Covardia

Os dirigentes políticos argentinos têm uma aversão ao risco maior que a de um banqueiro. **MAURICIO MACRI** (1959-), ex-presidente da Argentina, sobre conseguir apoio para reformas modernizantes

" Credores

Eu não dou muita bola para o FMI, não. Eu conheço o FMI desde que eu era jovem. Eles vinham aqui. Eles gostavam muito de goiabada, feijoada, futebol. Eles adoravam vir ao Brasil, e ficavam assinando acordos que nós nem cumprimos e eles também não estavam muito interessados [em saber] se nós íamos cumprir ou não.
PAULO GUEDES (1949-), ministro da Economia

Havia credores fungando no pescoço da empresa — e nada é mais convincente para derrubar resistências.
CLAUDIO GALEAZZI (1940-), consultor de empresas

O FMI não é uma ONG. **JORGE LANATA** (1960-), jornalista argentino, acerca dos que criticam a instituição pela sua ortodoxia

" Cretinices e cretinos

A burrice no Brasil tem um passado glorioso e um futuro promissor.
ROBERTO CAMPOS (1917-2001), economista e ex-ministro do Planejamento

Debater com um idiota é perder de maneiras distintas e combinadas. Perde-se tempo. Perde-se a paciência. E se perde o debate propriamente, porque ele só entenderá argumentos idiotas — e, nesse quesito, o imbatível é ele, não você. **REINALDO AZEVEDO** (1961-), jornalista

A ignorância é a maior multinacional do mundo. **PAULO FRANCIS**, jornalista

As mídias sociais deram direito à fala a legiões de imbecis que antes falavam no bar, depois de uma taça de vinho, sem causar dano à comunidade. Diziam-lhes imediatamente para calarem a boca, enquanto agora eles têm o mesmo direito à fala que um vencedor do Prêmio Nobel.
UMBERTO ECO (1932- 2016), escritor italiano

Duas coisas são infinitas: o Universo e a estupidez humana. Porém, em relação ao Universo, ainda não tenho certeza.
ALBERT EINSTEIN (1879-1955), físico alemão

Eu provoco muita fúria nos cretinos.
LOBÃO (1957-), compositor, em entrevista à *Folha de S.Paulo*

Imaginem vocês um centauro que fosse a metade cavalo e a outra metade também. **NELSON RODRIGUES** (1912-1980), jornalista e dramaturgo

Nos círculos acadêmicos, eu conheci uma boa cota de imbecis de QI elevado. **BARACK OBAMA** (1961-), ex-presidente dos Estados Unidos

Nunca discuta com gente estúpida. Eles vão puxar você para baixo até o nível deles e irão vencer com base na experiência.
MARK TWAIN, (1835-1910), escritor americano

Não conheço nenhum fanático que tenha senso de humor.
AMÓS OZ (1939-2018), escritor israelense

Os perversos dificultosamente se corrigem, e o número de insensatos é infinito. **SALOMÃO** (990 a.C.-931 a.C.), rei de Israel, no livro de Eclesiastes

O sujeito mais difícil de lidar é o idiota, de boa-fé e com certezas. Quando a pessoa tem certezas, é um desastre.
NELSON JOBIM (1946-), ex-ministro do Supremo Tribunal Federal

"Após milênios de passividade abjeta, o idiota descobriu a própria superioridade numérica".
NELSON RODRIGUES (1912- 1980), jornalista e dramaturgo

Os imbecis com cara de inteligentes [são] mais perigosos que os inteligentes com cara de imbecis.
JEAN-FRANÇOIS REVEL (1924-2006), filósofo francês

Os verdadeiros analfabetos são os que aprenderam a ler e não leem.
MÁRIO QUINTANA (1906-1994), poeta

Ser idiota é um dos direitos do homem.
ARTHUR SCHOPENHAUER (1788-1860), filósofo alemão

Ser imbecil é mais fácil.
STANISLAW PONTE PRETA, pseudônimo do jornalista Sérgio Porto (1923-1968)

O kirchnerismo está dominado pela irracionalidade.
MAURICIO MACRI (1959-), ex-presidente da Argentina

66 Criptomoedas

Fique fora disso. É uma miragem, basicamente. Em termos de criptomoeda, posso dizer quase com certeza que vão acabar mal.
WARREN BUFFETT (1930-), investidor americano.

Pior que bulbos de tulipas.
JAMIE DIMON, (1956-), bilionário americano, presidente do JP Morgan, em alusão à mania das tulipas, na Holanda, em 1637

Não se consegue parar uma coisa como o bitcoin. [...] É como tentar parar a pólvora. Estará por toda parte, e o mundo terá de se ajustar.
JOHN MCAFEE (1945-2021), programador e empresário britânico, fundador da McAfee Inc., famosa pelo antivírus

O bitcoin fará com os bancos o que o e-mail fez com a indústria postal.
RICK FALKVINGE (1972-), empresário e político sueco.

O século XX foi o da falência das utopias sociais;
o XXI será o das tecnológicas.
NASSIM NICHOLAS TALEB (1960-), matemático e escritor líbano-americano

O grande mal de tudo é o dinheiro vivo.
VINÍCIUS CLARET (1961-), doleiro, conhecido como Juca Bala, sobre o combate à lavagem de dinheiro

Uma mina de ouro é um buraco no chão com um mentiroso na entrada.
MARK TWAIN (1835-1910), escritor americano

Crueldade

A esquerda tem miolo mole e bom coração. Já a direita tem a cabeça mais dura e... o coração não tão bom.
PAULO GUEDES (1949-), ministro da Economia

A crueldade é um dos prazeres mais antigos da humanidade.
FRIEDRICH NIETZSCHE (1844-1900), filósofo alemão

D

" **Delírio**

Depois que nós anunciamos o pré-sal, em 2007, [os Estados Unidos] renovaram a Quarta Frota para tomar conta do Atlântico.
LUIZ INÁCIO LULA DA SILVA (1945-), ex-presidente da República, em comício, em novembro de 2016

Entrincheirem-se, porque o conflito será inevitável.
ROBERTO REQUIÃO (1941-), senador, no dia da aprovação do impeachment de Dilma Rousseff

Hoje é um dia memorável.
MICHELLE BOLSONARO (1982-), primeira-dama da República, ao inaugurar a exposição com as roupas que ela e o marido usaram na posse em Brasília

Infelizmente, acredito que está tudo armado para o Brasil.
LIONEL MESSI (1987-), craque argentino, durante a disputa da Copa América, em 2019, vencida pelo Brasil

Néstor morreu, Chávez agoniza e eu estou doente.
Agora só resta você para defender as bandeiras da América Latina.
FIDEL CASTRO (1926-2016), ex-presidente de Cuba, em diálogo com Cristina Kirchner, em frase a ele atribuída

A pobreza é funcional para o sistema capitalista. Ele precisa dela.
RAÚL RIZZO (1948-), ator argentino

Vamos voltar a investir mesmo diante dessa crise internacional que se vê agora de forma mais clara. O Brasil vai voltar a crescer porque temos as bases bem assentadas, fundamentos sólidos. **DILMA ROUSSEFF** (1947-), ex-presidente da República, logo depois de se ter anunciado uma inflação de 11%, em 2015, e com a economia ingressando no terceiro ano de queda da renda per capita, em janeiro de 2016

Os economistas liberais não querem nem ouvir falar em câmbio competitivo, e, pela educação que recebem nas universidades americanas e inglesas, onde a taxa de câmbio fica sempre em segundo plano, eles "se esquecem" da taxa de câmbio quando discutem os problemas econômicos do Brasil.
LUIZ CARLOS BRESSER-PEREIRA (1934-), economista (*Folha de S.Paulo*, 17 dez. 2017)

" Democracia

Entregaram uma churrascaria para um vegetariano cuidar.
MOACYR LUZ (1958-), compositor, sobre Marcelo Crivella — bispo licenciado da Igreja Universal e então prefeito do Rio de Janeiro — reduzir a verba do Carnaval

Infelizmente, todos os problemas de longo prazo são mal administrados pelas democracias.
JEAN TIROLE (1953-), economista francês

Os que respeitaram as normas jamais alcançaram a governabilidade; e os que conseguiram a governabilidade nunca respeitaram as normas.
MARÍA MATILDE OLLIER (1950-2021), cientista política argentina, sobre os dilemas enfrentados pelos presidentes democratas de seu país na sua relação com o Congresso

" Democracia representativa

No Congresso tem de tudo. Tem ladrão, tem honesto, tem gente séria, tem canalha etc. Só não tem bobo.
JOSÉ BONIFÁCIO DE ANDRADA (1930-2021), ex-deputado federal

Se há um idiota no poder, é porque os que o elegeram estão bem representados.
BARÃO DE ITARARÉ, pseudônimo de Apparício Torelly (1895-1971), jornalista e humorista

" Depreciação

A Presidência da República é que nem carro novo.
Começa a desvalorizar desde o primeiro dia.
RAHM EMANUEL (1959-), político americano, ex-chefe de gabinete de Barack Obama

Os ocupantes de cargos públicos são como um título: têm prazo de vencimento e vão embora. O que nos interessa é saber a opinião dos candidatos. **JUAN CARLOS SACCO** (1951-), empresário argentino, vice-presidente da União Industrial Argentina, explicando o crescente desinteresse pelos atos públicos com membros do governo, em seu país, a um mês das eleições presidenciais de 2015

" Desenvolvimentismo

A austeridade não é um fim, é um meio. A austeridade é uma obrigação. [...] Ela é um meio para você poder realizar.
MÁRIO COVAS (1930-2001), ex-governador de São Paulo

Confiança é a forma mais barata de estímulo econômico. **LARRY SUMMERS** (1954-), economista americano, ex-secretário do Tesouro dos Estados Unidos

" Desenvolvimentismo (o novo)

A apreciação cambial a que estamos assistindo é contrária ao interesse nacional. **YOSHIAKI NAKANO**, economista, *Valor* (14 jun. 2016)

Da Colônia à República, é com o governo que quase sempre foram feitos os melhores negócios. Não é de hoje que boa parte da elite vem sendo formada na crença de que o segredo da prosperidade é estabelecer sólidas relações com o Estado. Vender para o Estado, comprar do Estado, financiar o Estado, ser financiado pelo Estado, apropriar-se de patrimônio do Estado, receber doações do Estado, transferir passivos para o Estado, repassar riscos para o Estado e conseguir favores do Estado. A natureza dos favores variou no tempo, mas a lógica permaneceu a mesma. Quem não tinha condições de voar tão alto com frequência sonhava apenas em se tornar empregado do Estado e, especialmente, aposentado do Estado.
ROGÉRIO WERNECK (1948-) economista

" Desenvolvimento

A Argentina é uma fábrica permanente de pobreza.
MAURICIO MACRI (1959-), ex-presidente da Argentina

A Argentina é uma máquina de fabricar pobres.
BABY ETCHECOPAR (1953-), ator e apresentador argentino

A Argentina está a caminho de ter menos vacas que o Uruguai.
JULIO BÁRBARO (1942-), ex-deputado argentino

Para o novo pensamento nacional [argentino], [...] defender a integração com o mundo é ser entreguista, [...] ajustar a economia para ser fiscalmente sustentável é neoliberal, competir é darwinismo selvagem, meritocracia é coisa da direita, [...] o agronegócio é colonial, a lei favorece os poderosos, toda atividade merece ser fomentada com subsídios, o estatal é melhor que o privado, o nacional é superior ao resto do mundo, o empreendedorismo é suspeito, o esforço é reacionário, [...] a gratuidade é um direito, a aspiração à ordem é fascista e aplicar a autoridade é repressivo.
JORGE FERNÁNDEZ DÍAZ (1960-), jornalista argentino

Enriquecer é glorioso.
DENG XIAO-PING (1904-1997), ex-líder político da República Popular da China

Muitos olham o empresário como o lobo a ser morto; outros, como a vaca para tirar leite; poucos enxergam como o cavalo que puxa a carroça.
WINSTON CHURCHILL (1874-1965), ex-primeiro-ministro britânico

O respeito pelo criador de riqueza é o começo da solução da pobreza.
ROBERTO CAMPOS (1917-2001), economista e ex-ministro do Planejamento

Todo país rico teve governantes ladrões, e todo país pobre também. Logo, governantes ladrões não podem ser a chave do desenvolvimento.
LEONARDO MONASTERIO (1970-), economista, Folha de S.Paulo (7 ago. 21)

" Destino

É impossível ensinar um gato a não pegar passarinhos.
ALBERT EINSTEIN (1879-1955), físico alemão

Em política, a gente não escolhe a hora. É a hora que escolhe a gente. Ou agarramos o que pode vir a ser uma chance única, ou decidimos que queremos viver sabendo que deixamos a oportunidade passar.
TED KENNEDY (1932-2009), ex-senador dos Estados Unidos

Eu gostaria de ser Rodrigues Alves, mas sou Campos Sales, o que vou fazer? A história faz da gente o que a gente às vezes não quer ser.
FERNANDO HENRIQUE CARDOSO (1931-), ex-presidente da República

Um destino muitas vezes termina antes da morte.
MILAN KUNDERA (1929-), escritor tcheco

Se eu pudesse ser outra coisa na vida, seria ator.
AL PACINO (1940-), ator americano

" Dieta

O que engorda não é o que você come entre o Natal e o Ano Novo, mas o que você come entre o Ano Novo e o Natal.
HEBE CAMARGO (1929-2012), apresentadora de TV

Eu queria viver como pobre, mas com muito dinheiro.
PABLO PICASSO (1881-1973), pintor espanhol

" Dilmice

Na verdade, seria incompreensível se a consciência de minha presença no mundo não significasse já a impossibilidade de minha ausência na construção da própria presença.
PAULO FREIRE (1921-1997), educador, em *Pedagogia da autonomia: Saberes necessários à prática educativa*, de 1996

Quem puder apagar uma luz na casa, apague, eu peço por favor. Não usem elevador. Tomar banho é bom, mas, se a pessoa puder tomar banho frio, é muito mais saudável. Ajude o Brasil.
JAIR BOLSONARO (1955-), presidente da República, diante do risco de racionamento energético

" Diplomacia

Diplomacia é fazer e dizer as piores coisas da forma mais agradável.
ISAAC GOLDBERG (1887-1938), jornalista americano

Em assuntos essenciais, o importante é ter estilo, não sinceridade.
OSCAR WILDE (1854-1900), escritor irlandês

Não somos uma potência mundial nem voltaremos a sê-lo. Somos uma grande nação, mas se continuarmos a nos comportar como uma grande potência, em breve deixaremos de ser uma grande nação. **HENRY TIZARD** (1885-1959), conselheiro do Ministério da Defesa britânico, em memorando de 1949

O diplomata é um sujeito que pensa duas vezes antes de não dizer nada.
ANÔNIMO, segundo apontado por **RUY CASTRO** (1948-), escritor

O outro lado tem que ganhar algo também. **JOHN MCCAIN** (1936-2018), ex-senador dos Estados Unidos, sobre a arte de construir consensos

As grandes nações sempre têm agido como gângsteres, e as pequenas, como prostitutas. **STANLEY KUBRICK** (1928-1999), cineasta americano

" Diplomacia americana

Fale suavemente e leve um grande porrete.
THEODORE ROOSEVELT (1858-1919), ex-presidente dos Estados Unidos

Toda a história do mundo pode ser resumida no fato de que, quando as nações são fortes, nem sempre são justas, e quando querem ser justas, já não são mais fortes.
WINSTON CHURCHILL (1874-1965), ex-primeiro-ministro britânico

" Direitos

Quando o direito ignora a realidade, a realidade se vinga, ignorando o direito. **GEORGES RIPERT** (1880-1958), jurista francês

Você não sabe nada de uma mulher até encontrá-la num tribunal.
NORMAN MAILER (1923-2007), escritor americano

" Disciplina

Quanto mais treino, mais sorte eu tenho.
JOHAN CRUIJFF (1947-2016), ex-jogador e técnico de futebol holandês

Noventa por cento do sucesso se baseia simplesmente em insistir.
WOODY ALLEN (1935-), cineasta americano

Nada no mundo pode substituir a persistência.
Nada é mais comum no mundo que ver gente talentosa fracassar.
CALVIN COOLIDGE (1872-1933), ex-presidente dos Estados Unidos

" Distanciamento social

Arranjem para ele um lugar bem longe do dinheiro.
TANCREDO NEVES (1910-1985), político, a seus assessores, acerca do apoio de um político de má fama, mas com força legislativa

Em política não se escolhe o interlocutor.
NELSON JOBIM (1946-), ex-ministro do Supremo Tribunal Federal

Muitos heróis são como pinturas: não devemos vê-los muito de perto para não aparecerem as imperfeições.
DUQUE DE LA ROCHEFOUCAULD (1613-1680), pensador francês

Não costumo assistir aos filmes que critico para não deixar que a obra interfira na minha análise independente.
MARCELO MADUREIRA (1958-), humorista

Não se escreve sobre Brasília com o fígado.
RAYMUNDO COSTA (1952-2018), jornalista político

Você acha que eu gosto de ter que molhar a mão de um cafajeste para o governo me pagar o que deve? **NORBERTO ODEBRECHT** (1920-2014), empresário, em frase a ele atribuída, segundo Malu Gaspar, em
A Organização: A Odebrecht e o esquema de corrupção que chocou o mundo, de 2020

Presidente, quero esclarecer ao senhor que, a partir de agora, não irei mais atender a seus telefonemas, em função do cargo que estou assumindo.
CARLOS FAYT (1918-2016), quando indicado para a Suprema Corte da Argentina, ao então presidente da República, Raúl Alfonsín, que o nomeara para o cargo

Nunca estive na casa do presidente no Rio. Estive no Palácio da Alvorada a trabalho e em um almoço, mesmo assim não abri a geladeira.
ANTONIO BARRA TORRES (1964-), médico, contra-almirante, diretor presidente da Anvisa

" Distributivismo

A grande questão que se deve debater no Brasil, agora, é o que preferimos: empobrecer os ricos ou enriquecer os pobres.
MÁRIO HENRIQUE SIMONSEN (1935-1997), ex-ministro da Fazenda

O problema [no Brasil] não é dar a cada um o que é seu.
O problema é saber qual é o seu de cada um.
NELSON JOBIM (1946-), ex-ministro do Supremo Tribunal Federal

Os atores coletivos da Argentina julgam que merecem mais do que têm, o que coloca o país numa situação de estresse permanente, pelo fato de que aquilo que ele produz não satisfaz as expectativas coletivas. [...] Isso orienta práticas predatórias, para captar parte da renda de outros setores ou parte da riqueza futura.
ALEJANDRO KATZ (1960-), ensaísta argentino

" Dívida pública

O governo argentino tem uma propensão a se apropriar
dos recursos dos outros.
ROBERTO CACHANOSKY (1955-), economista argentino

A Argentina é uma máquina de violar os direitos de propriedade.
MIGUEL ÁNGEL BRODA (1943-), economista argentino

A Argentina é essencialmente um país de desconfiados.
JORGE ASÍS (1946-), escritor argentino

Primeiro, eu não usaria a palavra confisco.
IBRAHIM ERIS (1944-) economista, ex-presidente do Banco Central,
na primeira coletiva sobre o Plano Collor, em 1990

Se tivesse dado certo [...] todo mundo acharia que eu era a heroína.
Infelizmente não foi isso o que aconteceu.
ZÉLIA CARDOSO DE MELLO (1953-), ex-ministra da Economia, sobre o Plano Collor,
em depoimento ao documentário *Confisco*, de 2021

A coisa está com muita paixão, dizendo que isso é calote.
Evidentemente não é calote.
PAULO GUEDES (1949-), ministro da Economia, sobre a PEC dos Precatórios

Devo, não nego. Pagarei assim que puder. **IDEM**

Não é calote, é uma prorrogação, e também não é o parcelamento.
É um formato que pode dar uma solução para este problema e tirar
este problema, porque temos outros para enfrentar.
RODRIGO PACHECO (1976-), presidente do Senado, sobre a PEC dos Precatórios

Ninguém passou calote nenhum. Apenas não cumprimos uma parte.
JOSÉ IVO SARTORI (1948-), governador do Rio Grande do Sul,
ao explicar o "calote" dado pelo seu estado

" Dogmatismo

Discutir com petista é como jogar xadrez com pombo: ele vai derrubar as peças, cagar no tabuleiro e sair de peito estufado cantando vitória.
LOBÃO (1957-), compositor

Eu não sou uma política de consensos. Sou uma política de convicções.
MARGARET THATCHER (1925-2013), ex-primeira-ministra britânica

O fascismo [...] não é um programa, é uma paixão.
ANTONIO SCURATI (1969-), escritor italiano

O problema do mundo de hoje é que as pessoas idiotas estão cheias de certezas e as pessoas inteligentes estão cheias de dúvidas.
BERTRAND RUSSELL (1872-1970), filósofo galês

" Drama

Gosto do Botafogo. Não há na terra clube mais dostoievskiano.
NELSON RODRIGUES (1912-1980), jornalista e dramaturgo

Tive uma vida muito boa. Drama [vivem] as mulheres que levam os filhos para a escola em meio a tiroteio.
CARMEN MAYRINK VEIGA (1929-2017), socialite, explicando por que não reclamava da doença que a fez passar os últimos anos em cadeira de rodas

E

" Economia política

Aqui, os homens de negócios acreditam que entendem mais de política que os políticos. **JOAQUÍN MORALES SOLÁ** (1950-), jornalista argentino

Às vezes [...] é mais barato pagar logo a comissão
e não fazer obra nenhuma.
MÁRIO HENRIQUE SIMONSEN (1935-1997), ex-ministro da Fazenda

Descobri que classe econômica não mata ninguém.
RONALD GOULART, arquiteto, ao mudar seus hábitos de viagem após perder clientes na crise de 2015-16

É difícil voltar da primeira classe para a classe econômica.
JORGE LANATA (1960-), jornalista argentino, sobre a resistência política dos empregados nomeados por influência política

Professores de Stanford e Harvard têm uma tendência de presumir que sabem mais sobre os países do que as pessoas que moram neles.
NIALL FERGUSON (1964-), historiador escocês

" Economistas no governo

Goleiro é uma posição tão amaldiçoada que onde ele pisa nem grama nasce. **NENÉM PRANCHA** (1906-1976), "filósofo" do futebol

O Brasil é um pinto, mas o Geisel o fez botar um ovo de avestruz.
Vai lá agora e costura o rabo do pinto.
JOÃO BATISTA FIGUEIREDO (1918-1999), ex-presidente da República, ao convidar Antonio Delfim Netto para ser ministro do Planejamento e consertar os estragos do endividamento externo, em 1979

Os políticos usam os economistas como os bêbados usam um poste: mais para se apoiar do que para iluminar.
ALAN BLINDER (1945-), ex-vice-presidente do Banco Central americano

Quando eu penso na equipe econômica durante a crise, o que me pergunto é: "Quem é que, diante dos dados e das perspectivas, não consegue dormir?". E o que me preocupa é que tenho a impressão de que, no atual governo, não tem ninguém que perca o sono.
JUAN CARLOS DE PABLO (1943-), economista argentino

Não existe mulher feia. O que existe é mulher observada pelo ângulo errado. **PAULO GUEDES** (1949-), ministro da Economia, em palestra de 2019

" Educação

A instrução é um meio de tornar real a igualdade de direitos.
MARQUÊS DE CONDORCET (1743-1794), filósofo francês

Assim como comer carne de vaca não o transforma em vaca, estudar filosofia não vai tornar você mais sábio.
NASSIM NICHOLAS TALEB (1960-), matemático e escritor líbano-americano

Na educação, o lado Bélgica do Brasil tem as dimensões de Andorra.
CRESO FRANCO, educador, em alusão à fábula da Belíndia

Quando no Exército, o maior inimigo que [Bolsonaro] teve de enfrentar [...] foram as aulas de história.
REINALDO AZEVEDO (1961-), jornalista

Se o *homeschooling* é adotado com sucesso em países do Primeiro Mundo, [...] por que a esquerda luta tanto contra o modelo?
CARLA ZAMBELLI (1980-), deputada federal

Todos estamos matriculados na escola da vida, onde o mestre é o tempo.
CORA CORALINA (1889-1985), poeta

Elegância

A clareza é a cortesia do filósofo.
JOSÉ ORTEGA Y GASSET (1883-1955), filósofo espanhol

Para onde for, não vá vestida de marrom.
DENER PAMPLONA DE ABREU (1937-1978), estilista, em telefonema
à primeira-dama Maria Thereza Goulart, em 31 de março de 1964,
quando ela ainda não sabia o que aconteceria com sua vida

Ter dinheiro é mole. Difícil é ter estilo.
MISTER CATRA (1968-2018), compositor e cantor

Elitismo

Do alto de um atelier da Place Clichy — umbigo do mundo —
[Oswald de Andrade] descobriu, deslumbrado, a sua própria terra.
PAULO PRADO (1869-1943), escritor

O americano acha que todo estrangeiro é índio. O inglês tem certeza.
GUSTAVO TARDIN (1961-), engenheiro

[Os escritores brasileiros] somos um grupo de franceses
que escrevem em português.
MONTEIRO LOBATO (1882-1948), escritor

Paris pode ser uma festa, mas demanda dinheiro para financiar a alegria.
LEANDRO KARNAL (1963-), historiador

Se o sujeito tem que trabalhar, ele não é rico.
JORGINHO GUINLE (1916-2004), socialite

Temos que afastar de nós o mau gosto de querer coincidir com muitos.
FRIEDRICH NIETZSCHE (1844-1900), filósofo alemão

Não é possível que Nixon tenha vencido. Não conheço ninguém
que votou nele. **PAULINE KAEL** (1919-2001), crítica de cinema,
após a eleição de Nixon, em frase a ela atribuída

" Emedebismo

Alberto Fernández tem uma grande capacidade de realizar acordos, mas não tem nenhuma convicção sobre eles.
ANDRÉS MALAMUD (1967-), cientista político argentino, sobre o presidente do país

O PMDB é uma empresa de fornecimento de apoio parlamentar.
MARCOS NOBRE (1965-), filósofo e cientista social

Engano achar que alguém compra o Centrão. Só aluga.
MERVAL PEREIRA (1949-), jornalista

No peronismo há lugar para todos.
EDUARDO VAN DER KOOY (1950-), jornalista argentino

O [parlamentar] vendido sorri e agradece, mas odeia quem o compra, porque é testemunha de sua vileza e inferioridade. Jamais será um aliado fiel. **NELSON MOTTA** (1944-), jornalista e escritor

O PMDB é como uma prostituta: dorme com todo mundo, faz amor com todo mundo, mas não se apaixona por ninguém.
LEONEL BRIZOLA (1922-2004), político

O PMDB é um PT com mesóclises.
DIOGO MAINARDI (1962-), jornalista e escritor

" Empreguismo

Entre a Bíblia e O capital, o PSD fica com o Diário Oficial.
TANCREDO NEVES (1910-1985), político

Nossa aristocracia literária e administrativa [...] constitui um tristonho viveiro de pauperismo, de mendicidade envergonhada, porque é diplomada e veste fraque e sobrecasaca: é o mundo dos médicos sem clínica, dos advogados sem clientela, dos padres sem vigarias, dos engenheiros sem empresas e sem obras, dos professores sem discípulos, dos escritores [...] sem leitores, dos artistas sem público, dos magistrados sem juizados ou até com eles. **SÍLVIO ROMERO** (1851-1914), jurista e escritor, acerca do "excedente de bacharéis à procura de emprego público fácil" na formação da burocracia pública brasileira no século XIX

O emprego público, no interior do país, funciona há décadas como um seguro-desemprego encoberto e permanente que lembra a definição de "*homo sovieticus*" por Grigori Zinóviev.
JORGE LANATA (1960-), jornalista argentino

Porcada magra quer milho. **SEVERO GOMES** (1924-1992), político, sobre o apetite por cargos de quem chega ao poder

" Enigma

Pra entender uma mulher, primeiro você tem que entender que não tem como. **MISTER CATRA** (1968-2018), compositor e cantor

A Argentina é o único mistério que foge à compreensão dos economistas.
RAYMOND ARON (1905-1983), filósofo francês

" *Enrolation* (bullshit)

Comunicação sem clareza é uma forma eficaz de esconder ignorância no assunto sobre o qual se fala.
NELSON JOBIM (1946-), ex-ministro do Supremo Tribunal Federal

Estar ocupado não significa ser produtivo.
CHARLES DUHIGG (1974-), jornalista

Let's not believe in our own bullshit. (Não vamos acreditar nas nossas próprias besteiras.) **IAN TELFER** (1946-), empresário, ex-sócio de Eike Batista, sempre que julgava que este ficava excessivamente animado com as projeções de sua empresa

O grande inimigo da linguagem clara é a falta de sinceridade. Quando há uma diferença entre o que alguém pensa e o que ela declara, a pessoa instintivamente passa a usar frases longas e expressões desgastadas, como uma lula espalhando sua tinta. **GEORGE ORWELL** (1903-1950), escritor inglês

Ele está invariavelmente certo, mas depende de como você interpreta o que ele diz. **BORIS JOHNSON** (1964-), primeiro-ministro britânico, opinando sobre declarações do seu ministro da Fazenda, Rishi Sunak, de que a escassez de produtos que afetava os britânicos poderia durar ainda alguns meses (2021)

Falam que não temos plano para a economia, mas nada é acidente. Temos um programa de equilíbrio geral, não é improvisado.
PAULO GUEDES (1949-), ministro da Economia

Os diplomatas produzem blá-blá-blá, mas não o consomem.
MARCOS AZAMBUJA (1935-), diplomata brasileiro

" *Enrolation* (neoliberalismo tucano)

"Sim" para a economia de mercado, "não" para a sociedade de mercado.
LIONEL JOSPIN (1937-), ex-primeiro-ministro da França

Tanto mercado quanto for possível, tanto Estado quanto for necessário.
WILLY BRANDT (1913-1992), ex-chanceler da República Federal da Alemanha

Sem mercado não é possível; só com mercado não é suficiente.
JORGE FERNÁNDEZ DÍAZ (1960-), jornalista argentino

O discurso de um líder é geral, tem mais de uma linha de interpretação. Senão, acaba descontentando.
FERNANDO HENRIQUE CARDOSO (1931-), ex-presidente da República

Os tucanos parecem nutrir em segredo uma vontade de ser como o PT. [...] Fogem do adjetivo liberal como o diabo foge da cruz.
Gaguejam toda vez que falam em economia de mercado.
BOLÍVAR LAMOUNIER (1943-), cientista político

" Esperteza

As regras são para os bobos. Eu sou esperto.
DONALD TRUMP (1946-), ex-presidente dos Estados Unidos

Na política, a ética é uma exigência aplicada ao adversário.
JORGE DÍAZ MARTÍNEZ, advogado argentino

Battle precisa de um pouquinho de ignorância.
ENRIQUE IGLESIAS (1930-), ex-presidente do Banco Interamericano de Desenvolvimento, fazendo ironia com a fama do presidente uruguaio, Jorge Battle, de entender de tudo

Malandro é o pato, que já nasce com os dedos colados para não usar aliança. **ZECA PAGODINHO** (1959-), compositor e cantor

Se malandro soubesse como é bom ser honesto, seria honesto só por malandragem. **DELCÍDIO DO AMARAL** (1955-), então senador, no Twitter, pouco antes de ser preso nas investigações da Operação Lava Jato (2015), em referência à música de Jorge Ben Jor, "Caramba... Galileu da Galileia"

" Espetáculo

A Praça dos Três Poderes é a ágora da promiscuidade.
CLÁUDIO LEMBO (1934-), ex-vice-governador de São Paulo

Em política, até a raiva é combinada.
ULYSSES GUIMARÃES (1916-1992), político

Presidente, agora é a hora do "PQP!". **CHRISTINA ROMER** (1958-), economista americana, ex-presidente do Conselho de Assessores Econômicos de Barack Obama, ao expor os números da crise econômica de dezembro de 2008 em toda a sua crueza

" Esqueletos

A verdade de um homem é, antes de tudo, o que ele esconde.
ANDRÉ MALRAUX (1901-1976), escritor francês

Não existe família sem adúltera.
NELSON RODRIGUES (1912-1980), jornalista e dramaturgo

O PT tem um imenso passado pela frente. **ROBERTO FREIRE** (1942-), político

A minha surpresa está na surpresa do ministro.
GILMAR MENDES (1955-), ministro do Supremo Tribunal Federal,
acerca da perplexidade do ministro Paulo Guedes diante do valor da conta
para a despesa com o pagamento de precatórios (2021)

Sempre olhe primeiro para aquilo que não está no modelo.
MICHAEL SCHRAGE, economista americano

Todos os políticos temos algum cadáver no armário, mas isso é um verdadeiro cemitério. **LUIS JUEZ** (1963-), deputado argentino, sobre um colega suspenso por ser pego inadvertidamente em ato sexual durante uma reunião virtual, em plena pandemia de Covid-19, em 2020

" Esquerda

A esquerda gosta de resistir, não de governar, porque tem uma visão teatral da política. **MARK LILLA** (1956-), cientista político americano

Nós nos divertíamos com as propostas mirabolantes, em altos decibéis e baixo raciocínio, dos que se supunham de "esquerda".
ANTONIO DELFIM NETTO (1928-), ex-ministro da Fazenda

Os marxistas que me ouviam eram poetas, romancistas, sociólogos, ensaístas. Intelectuais da mais alta qualidade. E entendiam tanto de Marx quanto de um texto chinês de cabeça para baixo.
NELSON RODRIGUES (1912-1980), jornalista e dramaturgo

Primeiro eu era esquerdista; depois virei realista.
CHICO ANYSIO (1931-2012), humorista

Toda pessoa que sofre de dor de dentes pensa equivocadamente que todos aqueles que têm dentes sadios são felizes.
BERNARD SHAW (1856-1950), dramaturgo irlandês

" Estatismo

A água do Rio de Janeiro voltou a ter aquele gosto [...] misturando cabo de guarda-chuva e empresa estatal. **NEOLIBERAL ANÔNIMO**

O planejamento centralizado fracassou na União Soviética porque ainda não tinham criado o Excel.
AXEL KICILLOF (1971-), ex-ministro da Economia da Argentina, adepto do intervencionismo estatal

Quando um órgão público é criado para resolver um problema, não resolve e ainda cria outro.
ANTONIO DELFIM NETTO (1928-), ex-ministro da Fazenda

O Estado é um vampiro anêmico.
ORLANDO FERRERES (1945-), economista argentino

Quem não quiser ser administrador do capitalismo que não se coloque como candidato. **CRISTOVAM BUARQUE** (1944-), ex-senador

Se você tem 10 mil regulamentos, você destrói todo o respeito pela lei.
WINSTON CHURCHILL (1874-1965), ex-primeiro-ministro britânico

" Eternidade

A imortalidade do ser humano significa o desejo de perpetuar um erro *ad infinitum*. **ARTHUR SCHOPENHAUER** (1788-1860), filósofo alemão

Não podemos transformar este processo em um universo sem fim. Não podemos procrastinar. Não é para ouvir Adão e Eva e possivelmente a serpente.
HERMAN BENJAMIN (1957-), então ministro do Tribunal Superior Eleitoral, opinando sobre o longo processo de cassação da chapa Dilma Rousseff-Michel Temer, em 2017

No Brasil, você passa quinze dias fora do país e muda tudo, mas passa quinze anos fora e não muda nada. **CÁSSIO CASSEB** (1955-), executivo brasileiro, após passar quinze dias fora do país, quando estourou o escândalo do Mensalão, em 2005, constatando o ressurgimento dos mesmos problemas políticos de sempre

" Euforia

O petróleo é como um circo. Chega na sua rua, você bate palma, compra pipoca, e depois ele vai embora sem deixar nada.
DELFIM MOREIRA, vice-presidente da Associação Comercial de Maricá (RJ), sobre a alta súbita dos royalties do petróleo

Parece cocaína, mas é só tristeza.
RENATO RUSSO (1960-1996), compositor

Quando as coisas estão muito bem, o ser humano age terrivelmente.
ALAN GREENSPAN (1926-), ex-presidente do Banco Central americano

" Execução

A maneira de começar é muito importante, mas, no fim, o que conta é como tudo acaba. É mais fácil ser a pessoa que começa algo do que aquela que acaba. A vitória na corrida não é de quem é o mais rápido no início, e sim de quem lidera no final.
B. C. FORBES (1880-1954), jornalista escocês criador da revista *Forbes*

O jazz é tão bom quanto quem o toca.
BRANFORD MARSALIS (1960-), saxofonista americano

No Brasil, há muita iniciativa e pouca acabativa.
DANIEL LIMA (1979-), economista

O Brasil é um país feito apenas de pontapés iniciais.
MARTHA MEDEIROS (1961-), escritora

[O Brasil é um país] que debate muitas propostas, mas encontra poucas soluções. **MARIA HELENA GUIMARÃES DE CASTRO** (1946-), educadora

" Exercícios

O exercício físico é o primeiro passo para a morte.
CHICO ANYSIO (1931-2012), humorista

Para reconquistar minha juventude, eu sou capaz de qualquer coisa — desde que não seja acordar cedo, fazer exercícios e me tornar respeitável.
OSCAR WILDE (1854-1900), escritor irlandês

Quem tem que correr é a bola. **DIDI**, apelido de Waldir Pereira (1928-2001), jogador de futebol, em resposta à pergunta de por que não corria mais

" Experiência do cliente

Minha passagem pelo clube será bem-sucedida se,
ao final dos noventa minutos de cada jogo, as pessoas tiverem o sentimento de que foi melhor estar no estádio do que num bar.
PEP GUARDIOLA (1971-), técnico de futebol espanhol

Não é o empregador quem paga os salários. Ele só entrega.
Quem paga os salários é o cliente. **HENRY FORD** (1863-1947), empresário americano, explicando seu método de remuneração

Ninguém conhece verdadeiramente uma nação até que tenha estado dentro de suas prisões.
NELSON MANDELA (1918-2013), ex-presidente da África do Sul

Uma grande campanha publicitária fará um produto falhar mais rapidamente, porque mais pessoas saberão que o produto é ruim.
WILLIAM BERNBACH (1911-1982), publicitário americano

" Explicação

A política é a arte de gerir o Estado segundo princípios definidos, regras morais, leis escritas ou tradições respeitáveis. A politicalha é a indústria de o explorar a benefício de interesses pessoais.
RUI BARBOSA (1849-1923), político

A política é uma ciência inexata, depende mais de conversa, de articulação, de estratégia e de instinto. O problema todo é conseguir juntar essa parte abstrata da política com a parte pragmática, cartesiana, do processo em geral. Eu tento juntar as duas coisas. Isso de certa forma me dá um diferencial. **EDUARDO CUNHA** (1958-), político

Bem-feito é melhor do que bem explicado.
BENJAMIN FRANKLIN (1706-1790), político americano, considerado um dos Pais Fundadores dos Estados Unidos

Em política, tudo que precisa ser explicado não é bom.
LUÍS EDUARDO MAGALHÃES (1955-1998), político

Nunca reclame. Nunca se explique.
BENJAMIN DISRAELI (1804-1881), ex-primeiro-ministro britânico

Há uma diferença entre Hitler e Stálin que precisa ser devidamente registrada. Ambos fuzilavam seus inimigos, mas Stálin lia os livros antes de fuzilá-los. **FERNANDO HADDAD** (1963-), político

Quando é preciso explicar, já é tarde.
JORGE LANATA (1960-), jornalista argentino

Ser poderosa é como ser uma dama. Se você tem que explicar, é porque não é. **MARGARET THATCHER** (1925-2013), ex-primeira-ministra britânica

F

" Fake news

Dizem que eu tenho apartamento na Avenue Foch, em Paris,
e na Trump Tower, em Nova York. Ontem, disseram que eu tenho
um quadro do Rembrandt em casa. Infelizmente, é tudo mentira.
FERNANDO HENRIQUE CARDOSO (1931-), ex-presidente da República,
sobre as fake news a seu respeito

Hoje não importa se uma notícia é real. [...]
Os fatos são uma relíquia da mídia escrita.
NEETZAN ZIMMERMAN (1981-), blogueiro americano especializado
em conteúdo viral

Na Argentina, os fatos sumiram.
JORGE LANATA (1960-), jornalista argentino, sobre a irrelevância
da verdade na disputa política

Para Cristina Kirchner, governar é editar a realidade.
JORGE FERNÁNDEZ DÍAZ (1960-), jornalista argentino

Toda publicidade é boa publicidade.
ROY COHN (1927-1986), advogado americano, mentor de Donald Trump

Uma história não precisa ter ocorrido para ser verdadeira.
NEIL GAIMAN (1960-), escritor inglês

" Família (pais)

O Mauricio tem cabeça de presidente da República, mas não o coração.
FRANCO MACRI (1930-2019), pai do ex-presidente da Argentina,
Mauricio Macri, com quem mantinha intensa disputa psicanalítica

O mais bobo da família e o que subiu mais alto.
NICOLÁS FRANCO (1855-1942), sobre seu filho Francisco, o "generalíssimo" ditador da Espanha, em noite de bebedeira, apontando para a foto do filho em um restaurante cheio de jornalistas

" Fantasia

A França é um paraíso povoado por pessoas que pensam que vivem no inferno.
SYLVAIN TESSON (1972-), escritor francês

É uma ingenuidade pedir a quem tem o poder para mudar o poder.
GIORDANO BRUNO (1548-1600), filósofo renascentista

Não vou contestar logo, só para saborear um pouco essa hipótese.
BERTRAND RUSSELL (1872-1970), filósofo galês, sobre o boato de que namorava uma linda jovem

Pretender reduzir ao mesmo tempo o déficit público e os impostos equivale a querer emagrecer com uma dieta baseada em raviólis.
JORGE FERNÁNDEZ DÍAZ (1960-), jornalista argentino

Prefiro desenhar em cores. De preto e branco já basta a vida.
CHICO CARUSO (1949-), chargista

O sonho do brasileiro é morar no discurso do ministro Paulo Guedes.
MARCELO RAMOS (1973-) deputado, vice-presidente da Câmara dos Deputados

" Fascismo

Cristina Kirchner é a monarca de um reino sem território nem bandeira.
JOAQUÍN MORALES SOLÁ (1950-), jornalista argentino

Eu não sou, senhores, o déspota que se tranca em um castelo. Eu circulo em meio ao povo [...] e o escuto. Muito bem, o povo italiano, até este momento, não me pede liberdade. Outro dia, em Messina, a população

que cercava meu automóvel não disse "Deem-nos liberdade"; disse "tirem-nos dos barracos". No dia seguinte, os municípios da Basilicata pediram água.
BENITO MUSSOLINI (1883-1945), líder fascista italiano, em discurso de 1923

Fato

Em política só tem duas coisas: o fato novo e o fato consumado.
THALES RAMALHO (1923-2004), deputado, a Wellington Moreira Franco, que assumia o primeiro mandato no Congresso

Nenhum fato jamais é corretamente retratado na imprensa.
GEORGE ORWELL (1903-1950), escritor inglês

O fato é a maior autoridade da política.
ULYSSES GUIMARÃES (1916-1992), político

Os fatos são coisas teimosas.
JOHN ADAMS (1735-1826), ex-presidente e um dos Pais Fundadores dos Estados Unidos

Estamos redescobrindo a importância de algo que, até há pouco, parecia tão óbvio que beirava a irrelevância: que sem um sentido compartilhado do que constitui um fato não há futuro nem para a democracia nem para a imprensa. **ROBERTO FEITH** (1952-), jornalista

Federalismo

Em matéria de ajuste fiscal, certas negociações com os governadores são como a vida depois dos cinquenta: sempre piora mais um pouco.
MARCOS LISBOA (1964-), economista

Mais do que uma nação, a Espanha é constituída por uma série de compartimentos estanques.
JOSÉ ORTEGA Y GASSET (1883-1955), filósofo espanhol

Na relação com os governadores, o governo acaba tendo que escolher entre o cheque e o chicote. **FERNANDO LABORDA** (1964-), jornalista argentino

O homem comum mora no município. Ninguém mora no governo federal.
HÉLIO BELTRÃO (1916-1997), ex-ministro da Desburocratização

O problema da província não é que falta dinheiro, e sim que sobram ladrões. **MARIANA ZUVIC** (1974-), deputada argentina, em referência à província de Santa Cruz, território político da família Kirchner

Os governadores não são nem bons nem ruins em relação ao governo federal. Eles são o que são. **JOAQUÍN MORALES SOLÁ** (1950-), jornalista argentino

O regionalismo é uma degeneração gordurosa do nacionalismo.
FERNANDO PESSOA (1888-1935), poeta português

Para Juscelino, o que interessava era onde ficava a fábrica,
e não onde morava o acionista.
ROBERTO CAMPOS (1917-2001), ex-ministro do Planejamento

" Felicidade

Eu muitas vezes me pergunto, diante de determinadas situações
em que o custo de fazer o certo é elevado. Qual é a minha prioridade?
Ter justiça ou ser feliz? Prefiro ser feliz. **CÉSAR SOUZA**, consultor de empresas

Para ser feliz, basta ter boa saúde e memória ruim.
INGRID BERGMAN (1915-1982), atriz sueca

Ser feliz? Não sou tão ambicioso.
KARL LAGERFELD (1933-2019), estilista alemão

" Fiasco

Às vezes os coelhos saem mortos da cartola. **JOAQUÍN MORALES SOLÁ** (1950-), jornalista argentino, sobre truques políticos fadados ao fracasso

Não há quem não cometa erros — e grandes homens cometem grandes erros. **PAULO FRANCIS** (1930-1997), jornalista

" Fingimento

Bolsonaro teria entrado num modo conciliador. Resta saber qual é a carga dessa bateria. **ELIO GASPARI** (1944-), jornalista, em uma semana de trégua política, em junho de 2020

Há pessoas que têm bibliotecas, assim como há eunucos que têm haréns. **VICTOR HUGO** (1802-1885), escritor francês

Não dá para viver esperando que a maioria das pessoas tenha um caráter irrepreensível. O máximo que se pode esperar é que elas finjam ter. **FRAN LEBOWITZ** (1950-), escritora americana

O segredo do êxito é dado pela sinceridade e pela honestidade. Quem consegue simular isso se dá muito bem na vida. **GROUCHO MARX** (1890-1977), comediante americano

" Fracasso

Neste mundo faltam tantas coisas que, se faltasse mais uma, não haveria lugar para ela. **MACEDONIO FERNÁNDEZ** (1874-1952), escritor argentino

O fracasso é órfão. **JOHN F. KENNEDY** (1917-1963), ex-presidente dos Estados Unidos

O oposto do sucesso não é o fracasso, mas o *name dropping*. **NASSIM NICHOLAS TALEB** (1960-), matemático e escritor líbano-americano

" Fronteira

Já vivi durante tempo suficiente atrás de um muro. Isso não é algo que eu gostaria de voltar a fazer. **ANGELA MERKEL** (1954-), ex-chanceler alemã, em resposta ao dirigente húngaro Viktor Orbán, que numa reunião da União Europeia tinha proposto construir um muro para evitar a chegada de refugiados

Na política, a ética não é uma linha, mas uma franja. **SÉRGIO MOTTA** (1940-1998), ex-ministro das Comunicações

" Futebolice argentina

Diego, você sempre foi bom com as mãos.
GARY LINEKER (1960-), ex-jogador da Inglaterra e mestre de cerimônias no sorteio para a Copa do Mundo de 2018 na Rússia, após o sorteio, dirigindo-se a Maradona, em alusão ao famoso gol de mão (a "mão de Deus") contra os ingleses em 1986

Minha experiência é que, para um jogador de futebol,
é mais importante ter a cabeça forte que os pés fortes.
GABRIEL BATISTUTA (1969-), ex-jogador da seleção argentina

No futebol, o único insubstituível é o torcedor.
MARCELO BIELSA (1955-), técnico de futebol argentino

O possível foi feito. O impossível está sendo feito. Para milagres, é preciso ter tempo. **IDEM**

O jogador pode deixar de correr uma parte do jogo,
mas ele não deve deixar de pensar.
CÉSAR LUIS MENOTTI (1938-), ex-técnico de futebol argentino

Quando o time ganha, há sempre harmonia.
CARLOS BILARDO (1938-), ex-técnico da seleção argentina

Nada explica melhor a Argentina do que o futebol. Mas não é o que acontece nos campos [...]. A chave é o que acontece do lado de fora. O futebol se tornou a quintessência da política argentina.
CARLOS CUÉ (1974-), jornalista

Há muita gente que joga bola, mas pouca que joga futebol.
DIEGO SIMEONE (1970-), técnico de futebol argentino

Maradona foi o melhor Pelé de todos os tempos.
LUIS FERNANDO VERISSIMO (1936-), escritor

O futebol é uma fonte inesgotável de sabedoria.
É a própria vida em noventa minutos.
ALEJANDRO BORENSZTEIN (1958-), jornalista argentino

" Futebolice brazuca

Pelé podia virar-se para Michelangelo, Homero ou Dante
e cumprimentá-los com íntima efusão: "Como vai, colega?".
NELSON RODRIGUES (1912-1980), jornalista e dramaturgo

Eu nasci para o futebol, assim como Beethoven nasceu para a música.
PELÉ (1940-), ex-jogador de futebol

Clássico é clássico e vice-versa. **JARDEL** (1973-), ex-jogador de futebol

Eu não jogo. Eu dou show. **RENATO GAÚCHO** (1962-), ex-jogador de futebol

Fiz que fui, mas não fui, e acabei fondo. **DARIO JOSÉ DOS SANTOS** (1946-),
o "Dadá Maravilha", atacante folclórico dos anos 1970

O difícil, vocês sabem, não é fácil.
VICENTE MATHEUS (1908-1997), ex-presidente do Corinthians

O homem disse que se me suspenderem, ele entra com um pedido de
Corpus Christi para mim. **MANGA** (1937-), ex-goleiro do Botafogo

Prognóstico, só depois do jogo. **DARIO JOSÉ DOS SANTOS** (1946-), o "Dadá
Maravilha", atacante folclórico dos anos 1970

Você viu, Didi? O São Cristóvão está de uniforme novo.
GARRINCHA (1933-1983), ex-jogador de futebol, ao ver a seleção da Inglaterra
entrar em campo na Copa do Mundo de 1962

" Futebolice de esquerda

O futebol está acima da luta de classes.
ARMÊNIO GUEDES (1918-2015), jornalista e líder comunista

A política é um mecanismo para conciliar conflitos verdadeiros, enquanto
o futebol cria conflitos falsos e os perpetua. A política é importante e
deve ser levada a sério. O futebol não tem importância, e por isso deve ser
levado muito mais a sério. **KIKO LLANERAS** (1981-), colunista esportivo espanhol

" Futebolice estrangeira

Me parece muito estranho ouvir das pessoas frases como
"Vencemos a Holanda". Na verdade, não conquistamos Rotterdam
nem Amsterdam [...]. Simplesmente onze jogadores ganharam dos outros
onze [...]. Que importância isso pode ter?
JORGE LUIS BORGES (1899-1986), escritor argentino, depois da vitória
da Argentina na Copa do Mundo de 1978

Meus atacantes só devem correr quinze metros, a não ser que sejam
estúpidos. **JOHAN CRUYJFF** (1947-2016), ex-jogador e técnico de futebol holandês

Noventa por cento é mental. A outra metade é física.
YOGI BERRA (1925-2015), famoso treinador de beisebol, sobre as condições
para o êxito no esporte, destacando a necessidade de ir além dos limites

O mais importante do futebol é que não é apenas futebol.
TERENCE PRATCHETT (1948-2015), escritor inglês

A habilidade nunca é mérito do treinador.
Ela é o resultado do amor entre um garoto e uma bola.
ROY KEANE (1971-), ex-jogador de futebol irlandês, hoje treinador

Não tenho nada contra o sexo, desde que não atrase o começo do jogo.
STANLEY ROUS (1895-1986), árbitro de futebol inglês, ex-presidente da Fifa

O futebol é a coisa mais importante das coisas não importantes.
ARRIGO SACCHI (1946-), ex-treinador de futebol italiano

Sou alemão quando ganho e imigrante quando perco.
MESUT ÖZIL (1988-), jogador da seleção alemã, descendente de turcos

A Inglaterra foi derrotada por um país que tem mais vulcões
do que jogadores profissionais de futebol.
GARY LINEKER (1960-), ex-jogador de futebol inglês,
após a derrota da Inglaterra para a Islândia na Eurocopa de 2016

" Futebolice uruguaia

Como todo time africano, a Jamaica será um rival difícil.
EDINSON CAVANI (1987-), jogador de futebol uruguaio

Foi um gol odontológico.
NELSON PEDETTI (1954-), ex-jogador uruguaio

" Futuro

Na Argentina, o fim do mundo sempre parece estar virando a esquina, mas em geral nunca chega.
IGNACIO DE LOS REYES, jornalista espanhol

No Brasil, o futuro é um local muito distante.
ADOLFO SACHSIDA (1972-), economista

O futuro é como o céu: todos o exaltam, mas ninguém quer chegar logo lá.
JAMES BALDWIN (1924-1987), escritor americano

Em tempos de guerra vive-se o presente.
O ontem já se foi e o amanhã talvez nunca venha.
WILLIAM FAULKNER (1897-1962), escritor americano

G

" **Garçonnière**

Um presidente da República argentino precisa ter um apartamento em Montevidéu, pelas reações que aquilo que precisa ser feito geram no seio da sociedade.
MIGUEL ÁNGEL BRODA (1942-), economista

Não há espaço para o Estado no quarto de dormir.
PIERRE TRUDEAU (1919-2000), ex-primeiro-ministro do Canadá, acerca das relações homossexuais

" **Geometria**

Há três axiomas enraizados na mentalidade argentina: sempre, em qualquer contexto, a priori, o público é melhor que o privado, o nacional é melhor que o estrangeiro e os pobres têm razão diante dos ricos.
CARLOS PAGNI (1961-), jornalista argentino

Na vida, devemos evitar três formas geométricas: os círculos viciosos, os triângulos amorosos e as mentes quadradas.
MARIO BENEDETTI (1920-2009), escritor uruguaio

" **Gesto**

O Temer não fez nenhum pedido, mas, para quem sabe ler, pingo é letra.
AELTON FREITAS (1961-), deputado federal, acerca das preferências do Planalto na eleição para a presidência da Câmara dos Deputados em 2017

Tem que manter isso, viu?
MICHEL TEMER (1940-), ex-presidente da República, em diálogo gravado com o empresário Joesley Batista acerca do apoio ao ex-deputado Eduardo Cunha, então preso

" Golpismo

Eu os identifico a todos. São muito deles os mesmos que, desde 1930, como vivandeiras alvoroçadas, vêm aos bivaques bolir com os granadeiros e provocar extravagâncias do poder militar.
HUMBERTO DE ALENCAR CASTELLO BRANCO (1897-1967), ex-presidente da República, em agosto de 1964

Na Argentina, se um presidente não peronista perde dez pontos nas pesquisas, começa a ver as ruas incendiadas; e, se perder as eleições de meio de mandato, já preparam o helicóptero para ele ir embora.
JORGE FERNÁNDEZ DÍAZ (1960-), jornalista argentino, em alusão a Fernando de la Rúa, que encerrou prematuramente seu governo deixando a Casa Rosada de helicóptero

Normalmente, os eleitores escolhem os políticos. No redesenho dos distritos, os políticos é que escolhem os eleitores.
THOMAS HOFELLER (1943-2018), estrategista político americano

O peronismo nunca se resigna ao fato de que seu destino se limita a assistir à vitória dos outros.
JOAQUÍN MORALES SOLÁ (1950-), jornalista argentino

O Supremo deve decidir se escreveremos a história com sangue ou com a razão, porque a escreveremos de uma forma ou de outra.
GRACIANA PEÑAFORT (1977-), diretora de Assuntos Jurídicos do Senado Argentino, em 2020, acerca da solicitação da então vice-presidente Cristina Kirchner para que o Congresso aprovasse um imposto sobre as grandes fortunas

A democracia só não tem lugar para quem pretenda destruí-la.
LUÍS ROBERTO BARROSO (1958-), presidente do Tribunal Superior Eleitoral, em 2021

A tolerância ilimitada leva ao desaparecimento da tolerância.
KARL POPPER (1902-1994), filósofo austro-britânico

Se você quiser fechar o Supremo Tribunal Federal, sabe o que você faz? Não manda nem um jipe. Manda um soldado e um cabo.
EDUARDO BOLSONARO (1984-), filho do presidente da República

Os atos do bolsonarismo no 7 de Setembro foram
uma espécie de Woodstock sem maconha.
MARCELO MADUREIRA (1958-), humorista

" Gringos

Eu gosto mais do Brasil que 90% dos brasileiros.
BARÃO PHILIPPE DE NICOLAY-ROTHSCHILD, banqueiro, em 2015

Eu também já fui brasileiro. **CARLOS DRUMMOND DE ANDRADE** (1902-1987),
poeta, em momento de desânimo com o país

O reacionário é um exilado do tempo.
MARK LILLA (1956-), cientista político, no livro A mente naufragada

Sou um estrangeiro nato.
PAULO FRANCIS, (1930-1997), jornalista

Gosto de pensar que sou um escritor europeu no exílio.
JORGE LUIS BORGES (1899-1996), escritor argentino

Sou um exilado no Brasil e um exilado na Argentina,
[...] e as duas coisas convivem em mim de forma poderosa.
HÉCTOR BABENCO (1946-2016), cineasta argentino naturalizado brasileiro

" Gringolândia

Na América, faça sempre o contrário do que manda seu brasileiro coração:
[...] obedeça ao que estiver escrito, jamais encoste a mão no
seu interlocutor e não olhe fixamente para uma mulher bonita.
Seja compulsivamente pontual e, acima de tudo, note bem,
acalmar-se quando sua reclamação for importante.
Quanto mais difícil for seu problema, mais calmo você deve ficar.
RICHARD MONEYGRAND, brasilianista americano, personagem inventado
por Roberto DaMatta aconselhando sobre diferenças culturais

" Groucho-marxismo

A corrupção é endêmica ao capitalismo.
JESSÉ SOUZA (1960-), ex-presidente do IPEA, em entrevista à *Folha de S.Paulo* (10 jan. 2016)

[A] democracia burguesa [...] afirma a liberdade política e nega a igualdade social. A velha democracia liberal e capitalista está em franco declínio porque tem seu fundamento na desigualdade.
GETÚLIO VARGAS (1882-1954), ex-presidente da República, conforme depoimento de sua filha, Alzira, em *Vida de Getúlio*

A presidenta é inocenta.
VANESSA GRAZZIOTIN (1961-), ex-senadora

O capitalismo aceita a pobreza de muitos como condição da riqueza de poucos. **MARCELO BARRETO** (1967-), jornalista

O kirchnerismo é uma expressão do groucho-marxismo.
JORGE FERNÁNDEZ DÍAZ (1960-), jornalista argentino

O que diria Marx se voltasse do túmulo e visse o que fizeram com seus diagnósticos? Ele diria: "Proletários do mundo inteiro: perdoai-nos".
TOMÁS VÁRNAGY (1950-), sociólogo húngaro

Os políticos não têm nenhuma voz numa economia gerida pelo capital financeiro e pelas multinacionais — a não ser para dizer que é mais "responsável" pagar uma dívida do que alimentar um filho.
LUIS FERNANDO VERISSIMO (1936-), escritor, *O Globo* (22 dez. 2015)

Politicamente, minha juventude transcorreu no mundo da ilusão.
JOSÉ "PEPE" MUJICA (1935-), ex-presidente do Uruguai

Por que eu faria alguma coisa pelas futuras gerações, se elas nunca fizeram nada por mim? **GROUCHO MARX** (1890-1977), comediante americano

Se eu pudesse recomeçar a minha vida, eu cometeria os mesmos erros, mas muito mais cedo. **IDEM**

H

" Herói

Evite chamar de herói quem não tinha outra escolha.
NASSIM NICHOLAS TALEB (1960-), matemático e escritor líbano-americano

Há sociedades que reverenciam seus ladrões até o limite da idolatria.
FRANCISCO ROSELL (1956-), jornalista espanhol

Não existe herói sem plateia. **ANDRÉ MALRAUX** (1901-1976), escritor francês

O herói romântico [...] não deve viver muito.
MARCOS AZAMBUJA (1935-), diplomata brasileiro

" Heterodoxia

O sono da razão produz monstros.
FRANCISCO DE GOYA (1746-1828), pintor espanhol

Aumentar um pouquinho [a dívida] não tem problema, não [...].
Não pode mais ficar esse casulo de segurar, segurar.
JOSÉ GUIMARÃES (1959-), líder do governo na Câmara dos Deputados, em 2015

Brasília foi o produto de uma conjunção rara de quatro loucuras:
de Juscelino, de Israel [Pinheiro], Niemeyer e Lúcio Costa.
OTTO LARA RESENDE (1922-1992), jornalista e escritor

Em política, o idealismo custa caro. **REINALDO AZEVEDO** (1961-), jornalista

Ele [o sistema político brasileiro] naufraga tentando andar
sobre as águas puxando seus próprios cabelos.
ANTONIO DELFIM NETTO (1928-), ex-ministro da Fazenda, em 2017

Produzir por dois e gastar por quatro pedindo emprestada
a diferença parece ser uma característica dos argentinos.
RODOLFO RIVAROLA (1857-1942), advogado argentino

Quinze anos de convivência no Congresso com o PT e o PDT me ensinaram
que o esporte preferido desses partidos é a briga com a lógica econômica.
ROBERTO CAMPOS (1917-2001), ex-ministro do Planejamento, em 1998

Estou desolado de ver que o *The New York Times* está levando a MMT
[acrônimo em inglês da chamada Teoria Monetária Moderna] a sério como
movimento intelectual. É o equivalente à publicação de dietas da moda,
tratamentos alternativos para o câncer e de teorias criacionistas.
LARRY H. SUMMERS (1954-), economista americano, ex-secretário do Tesouro

" Heterodoxia (medicina alternativa)

Em teoria econômica, o que não é óbvio quase sempre é besteira.
MÁRIO HENRIQUE SIMONSEN (1935-1997), ex-ministro da Fazenda

Independentemente do que diz o governo, a matemática existe.
JORGE LANATA (1960-), jornalista argentino

O Brasil deve parar de admirar o que não deu certo.
TOM JOBIM (1927-1994), maestro e compositor

" Hierarquia

Chefe não pode receber solidariedade de subordinado.
ERNESTO GEISEL (1907-1996), ex-presidente da República,
explicando, nos seus tempos de oficial, por que não assinou
um manifesto de solidariedade ao então ministro da Guerra

É ótimo ser ministro. Melhor que ser secretário-executivo.
Mas agora sei que eu mandava mesmo quando eu era secretário-executivo.
Portanto, agora é você quem manda. **MARTUS TAVARES** (1955-),
ex-ministro do Planejamento, em conversa com seu então secretário-executivo

Entre a Constituição e a Paraíba, eu fico com a Paraíba.
CÁSSIO CUNHA LIMA (1963-), senador, em resposta ao argumento
de que uma proposta que prejudicava seu estado era inconstitucional

O poder está sempre acima. Em casos excepcionais, pode estar fora.
Nunca pode estar abaixo.
JULIO MARÍA SANGUINETTI (1936-), ex-presidente do Uruguai, em comentário
que muitos associam à vice-presidência de Cristina Kirchner na Argentina

Prefiro amor de amante que de corno.
MART'NÁLIA (1965-), compositora

" História

A história é uma coisa que não aconteceu, contada por um sujeito
que não estava lá. **MACHADO DE ASSIS** (1839-1908), escritor

A história é uma juíza imparcial, mas tem a mania de chegar tarde.
ROBERTO CAMPOS (1917-2001), ex-ministro do Planejamento

A memória [...] é, quase sempre, a vingança do que não foi.
JUAN BENET (1927-1993), escritor espanhol

A política se encarrega do presente e do futuro. É a justiça que se
encarrega do passado. **RAÚL ALFONSÍN** (1927-2009), ex-presidente da Argentina

A verdade é filha do tempo.
LEONARDO DA VINCI (1452-1519), artista, inventor e cientista italiano

As sociedades prestam mais atenção à evolução do filme que na fotografia.
JOAQUÍN MORALES SOLÁ (1950-), jornalista argentino, sobre as mudanças
do clima político e social

Cada passo do progresso dos Estados Unidos, toda expansão de liberdade,
toda expressão de nossos ideais mais profundos foi dado
no esforço de tornar desconfortável o status quo.
BARACK OBAMA (1961-), ex-presidente dos Estados Unidos

Não há nada mais relapso do que a memória. Atrevo-me mesmo a dizer que a memória é uma vigarista, uma emérita falsificadora de fatos e de figuras. **NELSON RODRIGES** (1912-1980), jornalista e dramaturgo

Nosso presente anda cheio de passado.
LILIA MORITZ SCHWARCZ (1957-), antropóloga e historiadora

O historiador é um profeta que olha para o passado.
FRIEDRICH SCHLEGEL (1772-1829), poeta alemão

" Húbris

Eu já fui absolvida pela história.
CRISTINA KIRCHNER (1953-), ex-presidente da Argentina, em sua defesa diante das acusações de corrupção

Se eu tiver cometido um erro, não quero ser julgado apenas pela Justiça, mas antes pelo povo.
LUIZ INÁCIO LULA DA SILVA (1945-), ex-presidente da República

I

" Ideologia

A convicção política é como a virgindade: depois de perdida, não pode ser recuperada. **FRANCISCO PI Y MARGALL** (1824-1901), escritor espanhol

Quando se trata de sentimentos, muitas vezes os argumentos racionais são insuficientes. **ANDREA RIZZI** (1975-), jornalista italiano

Vive-se melhor no mundo da ficção.
JAVIER MARÍAS FRANCO (1951-), escritor espanhol

" Iluminação

A mente que se abre a uma nova ideia jamais voltará a seu tamanho anterior. **ALBERT EINSTEIN** (1879-1955), físico alemão

É de poste em poste que o Brasil vai ficar iluminado.
LUIZ INÁCIO LULA DA SILVA (1945-), ex-presidente da República, após eleger Fernando Haddad, político e ex-prefeito de São Paulo, em 2012

É hora de produzir luz, não calor.
MARCELO QUEIROGA (1965-), ministro da Saúde, em plena pandemia de Covid-19

Professor deve ser aquele sujeito que abre a janela para que o sol entre.
EDUARDO AFFONSO (1969-), jornalista

" Ilusão

Governar não é tão simples como pensam os motoristas de táxi.
MILTON SELIGMAN (1951-), engenheiro

99

Eu e Cristina nem sempre pensamos igual, mas quem decide sou eu.
ALBERTO FERNÁNDEZ (1959-), presidente da Argentina

O Brasil é uma ilusão de ótica.
LUIS STUHLBERGER (1955-), gestor de fundos de investimento

O Brasil estava a um milímetro do paraíso. Aí vem o coronavírus e dá uma pancada na gente. **PAULO GUEDES** (1949-), ministro da Economia

" Impeachment

É como a bomba atômica: serve para dissuadir, não para usar.
ULYSSES GUIMARÃES (1916-1992), político

O anzol é muito maior do que a boca do peixe.
ULYSSES GUIMARÃES (1916-1992), político, na véspera da votação do impeachment de Fernando Collor de Mello, criticando Itamar Franco

O culpado será o mordomo. **IZABELLA TEIXEIRA** (1961-), ex-ministra do Meio Ambiente de Dilma Rousseff — ao saber que esta cogitaria escrever um romance policial —, em alusão à fama de Michel Temer de "mordomo de filme"

Ele [o prefeito] tem que abrir aquele coração, senão, eu vou ser franco contigo: vai ter cassação.
ROCSILVAN REZENDE DA ROCHA (1970-) vereador do município fluminense de Teresópolis, *O Globo* (8 nov. 2017)

Um delito passível de impeachment é qualquer coisa que a maioria do Congresso decide que é.
GERALD FORD (1913-2006), ex-presidente dos Estados Unidos

Vice-presidente é nada às vésperas de tudo.
HEITOR FERREIRA DE AQUINO (1936-2002), secretário particular do ex-presidente Ernesto Geisel

" Imposto sindical

Ladrões de sindicato transformaram o país num sindicato de ladrões.
GILMAR MENDES (1955-), ministro do Supremo Tribunal Federal

O problema não é para onde o dinheiro vai, mas de onde o dinheiro vem.
LUÍS ROBERTO BARROSO (1958-), ministro do Supremo Tribunal Federal, sobre o financiamento de campanhas políticas

O peronismo é o partido dos que não trabalham.
MAURICIO MACRI (1959-), ex-presidente da Argentina

" Imprensa

As notícias podem ser verdadeiras, mas não são a verdade.
JAMES RESTON (1909-1995), ex-jornalista americano

Aí chegam os invictos. **DANIEL PASSARELLA** (1953-), ex-jogador de futebol, quando treinava o River Plate, referindo-se aos jornalistas

Em geral, quando sou entrevistado, suspeito que sou uma vítima, pois a imprensa ganha dinheiro com isso, e eu não recebo um centavo.
JORGE LUIS BORGES (1899-1986), escritor argentino

Ávido leitor de jornais, custou-lhe renunciar a esses museus de minúcias efêmeras. **IDEM**

Eu nunca mudo, mas o mundo muda. Eu sou um voyeur assistindo.
GAY TALESE (1932-), escritor americano

Jornalismo é a melhor versão da verdade possível de se obter.
CARL BERNSTEIN (1944-), jornalista americano

Jornalismo é publicar aquilo que não se quer ver publicado. Todo o resto é relações públicas. **GEORGE ORWELL** (1903-1950), escritor inglês

Jornalista não tem amigos. Tem informantes.
SAMUEL WAINER (1910-1980), jornalista

Jornalistas comunistas têm a consciência de quem manda no jornal e fazem o que o dono mandar. Já os jornalistas lacerdistas acham que o jornal é deles e fazem o que querem.
ROBERTO MARINHO (1904-2003), jornalista, proprietário do Grupo Globo

No Brasil, a leitura dos jornais é um suplício estético, um desconforto linguístico e um tormento moral. **EUGÊNIO BUCCI** (1958-), jornalista

No Brasil, é a imprensa quem descobre os crimes.
NELSON RODRIGUES (1912-1980), jornalista e dramaturgo

Notícia é a contramão do óbvio.
RICARDO BOECHAT (1952-2019), jornalista

Notícia é tudo aquilo que alguém não quer ver publicado. O resto é propaganda.
WILLIAM RANDOLPH HEARST (1863-1951), magnata da imprensa americano

O jornalismo é a primeira versão rude da história.
PHILIP GRAHAM (1915-1963), ex-editor do *Washington Post*

Se vem o Diabo me passar informação, eu checo e publico.
JORGE LANATA (1960-), jornalista argentino

Sou jornalista, especialista em ideias gerais. Sei alguns minutos de muitos assuntos. E não sei nada.
OTTO LARA RESENDE (1922-1992), jornalista e escritor

Um governante que reclama da imprensa é como um marinheiro que reclama do mar.
WINSTON CHURCHILL (1874-1965), ex-primeiro-ministro britânico

Nossa tarefa é fazer perguntas.
TOMÁS MOSCIATTI (1960-), radialista chileno

Então pergunta para outro.
JAIR BOLSONARO (1955-), presidente da República, em resposta a um repórter que lhe disse que a função do jornalista era fazer perguntas incômodas

" Improvável

Durante um dos inúmeros ataques aéreos alemães contra Moscou, na Segunda Guerra Mundial, um eminente professor de estatística soviético apareceu em seu abrigo antiaéreo local. Era a primeira vez que dava as caras. "Há 7 milhões de pessoas em Moscou", costumava afirmar. "Por que devo esperar que me atinjam?". Seus amigos [...] perguntaram o que acontecera para que mudasse de ideia. "Vejam bem", explicou, "há 7 milhões de pessoas em Moscou e um elefante. Na noite passada, eles atingiram o elefante."
História relatada por **PETER BERNSTEIN** (1919-2009), economista americano, em Desafio aos deuses: A fascinante história do risco

É uma doença recente a de confundir o não observado com o não existente, mas outra doença pior é confundir o não observado com o não observável.
NASSIM NICHOLAS TALEB (1960-), matemático e escritor líbano-americano

Na Argentina, os cisnes negros aparecem a cada cinco minutos.
LUIS MAJUL (1961-), jornalista argentino

" Improviso

A falta de dinheiro é gasolina para a inventividade.
FERNANDO MEIRELLES (1955-), cineasta

Discursar de improviso é algo que deve ser praticado.
ABRAHAM LINCOLN (1809-1865), ex-presidente dos Estados Unidos

Geralmente eu demoro mais de três semanas para preparar um discurso de improviso. **MARK TWAIN** (1835-1910), escritor americano

Numa epidemia, é ela que dá as cartas. **RICHARD EVANS** (1947-), historiador inglês, autor de um livro sobre a epidemia de cólera em Hamburgo, em 1892

Todo mundo tem um plano até levar um murro na cara.
MIKE TYSON (1966-), pugilista

" Impunidade

A impunidade é segura quando a cumplicidade é geral. **MARIANO JOSÉ PEREIRA DA FONSECA**, marquês de Maricá (1773-1848), escritor, filósofo e político

[Dar por] encerrada a apuração do caso, limitando a punição a algumas penas menores, [...] seria equivalente a condenar Jack, o Estripador por estacionamento proibido.
HÉCTOR GAMBINI, jornalista argentino, sobre a morte do promotor Alberto Nisman

" Incontinência verbal

Às vezes é melhor ficar calado e dar a impressão de ser idiota
do que falar e eliminar qualquer dúvida.
ABRAHAM LINCOLN (1809-1865), ex-presidente dos Estados Unidos

Bolsonaro revelou-se um presidente sui generis. Fala dez vezes antes de pensar. **JOSIAS DE SOUZA** (1962-), jornalista

Todo intelectual liberal deve ser um agitador.
FRIEDRICH VON HAYEK (1889-1992), economista e filósofo austríaco

O Brasil é um país que tem muito barulho e pouca informação.
MONICA DE BOLLE (1974-), economista

É bom falar, mas calar é melhor.
JEAN DE LA FONTAINE (1621-1695), poeta e fabulista francês

Fale quando estiver com raiva — e fará o melhor discurso
entre aqueles dos quais você irá se arrepender.
LAURENCE J. PETER (1919-1990), educador canadense

O Brasil confunde alegria com barulho. **CORA RÓNAI** (1953-), jornalista

O Brasil é o único país do mundo onde o presidente da República
é elogiado quando cala e desaparece do noticiário.
MARCO ANTONIO VILLA (1955-), historiador, sobre Jair Bolsonaro

O brasileiro é fascinado pelo chocalho da palavra.
NELSON RODRIGUES (1912-1980), jornalista e dramaturgo

O governo Bolsonaro parece uma escola de samba.
FERNANDO GABEIRA (1941-), jornalista e político, opinando sobre as alas "ideológica" e "militar" do governo, em 2020

Quando não tiver nada para dizer, fique quieto.
D. H. LAWRENCE (1885-1930), escritor inglês

Quando se fala muito, é preciso dizer algo inteligente de vez em quando.
JORGE ASÍS (1946-), escritor argentino

Se não tem nada construtivo a dizer, fique calado.
ART ACEVEDO (1964-), policial americano, chefe da Polícia de Houston, em resposta a Donald Trump, que disse que a polícia devia endurecer sua atitude nas passeatas contra o racismo, em 2020

A melhor propaganda anticomunista é deixar um comunista falar.
PAULO FRANCIS (1930-1997), jornalista

Indicadores econômicos

A estatística é uma das coisas mais tristes do mundo.
JORGE LUIS BORGES (1899-1986), escritor argentino

A maior inabilidade da raça humana é nossa incapacidade de compreender a função exponencial.
ALBERT BARTLET (1923-2013), matemático americano

Na China, o PIB é um indicador antecedente. **MICHAEL PETTIS** (1958-), economista espanhol, sobre a qualidade das estatísticas chinesas

Nos últimos cinquenta anos, a Argentina teve 22 presidentes, uma guerra, cinquenta ministros da Economia, cinco moedas, dezesseis quase-moedas estaduais e três grandes crises econômicas.
GASTÓN REMY (1973-), empresário argentino, presidente da Dow Argentina, em 2017

A Alemanha tem mais pobreza que a Argentina.
ANÍBAL FERNÁNDEZ (1957-), ministro da Segurança da Argentina, em 2021

Quando os estudantes me entrevistam, digo para todos eles que tenho 38 anos. Gente de quinze anos não sabe a diferença entre 38 e 68.
RUBEM BRAGA (1913-1990), escritor

" Inépcia

Aprendi duramente com a experiência que não se deve atribuir à malícia o que pode ser explicado por ganância, conflitos de interesse e incentivos equivocados. **ASWATH DAMODARAN** (1957-), economista indiano, a propósito da experiência da Petrobras

Não considere exemplo de malícia o que pode ser explicado simplesmente por incompetência.
NAPOLEÃO BONAPARTE (1769-1821), imperador da França,
em frase a ele atribuída indevidamente

" Inflação

É preciso usar a maquininha para colocar dinheiro no mercado.
ROBERTO FERNÁNDEZ, sindicalista argentino, secretário-geral da Unión Tranviarios Automotor, defendendo a emissão monetária para estimular a economia

Qual o problema de a energia ficar um pouco mais cara?
PAULO GUEDES (1949-) ministro da Economia, ao comentar os efeitos
da crise hídrica, em 2021

Pode parecer apenas uma cretinice imaginar políticas de combate à pobreza com recursos produzidos pela tributação do pobre, não é uma inconsistência inocente, mas uma das explicações para a obesidade do Estado. **NEOLIBERAL ANÔNIMO**

Inflação significa ser pobre com muito dinheiro no bolso.
UGO TOGNAZZI (1922-1990), ator e diretor de cinema italiano

Roberto Campos Neto justificando a perda de controle da inflação lembra o sujeito que, sabendo que os freios não funcionam direito, resolve acelerar na descida e, depois do inevitável acidente, culpa a falta de freios, "esquecendo" o quanto pisou no acelerador.
ROBERTO ELLERY (1971-), economista

" Inimigos

Eu nunca confio em um homem que não tenha inimigos.
NASSIM NICHOLAS TALEB (1960-), matemático e escritor líbano-americano

Os inimigos dão menos trabalho do que os amigos próximos.
FERNANDO HENRIQUE CARDOSO (1931-), ex-presidente da República

Você tem inimigos? Bom. Isso significa que você defendeu algo em algum momento da sua vida.
WINSTON CHURCHILL (1874-1965), ex-primeiro-ministro britânico

" Inteligência

Os perdedores estão sempre procurando certezas na mesa.
Os vencedores não se incomodam em admitir que não sabem.
Ter certeza do que não se sabe é uma vantagem enorme.
HOWARD LEDERER (1964-) jogador profissional de pôquer americano

" Intestino

Eu não gosto de me analisar porque talvez não goste do que eu vejo.
DONALD TRUMP (1946-), ex-presidente dos Estados Unidos

Trump governa com as entranhas.
ANDREW TABLER, cientista político americano

" Intuição

O senso comum é o que as pessoas pensam quando não estão pensando
e o que as pessoas dizem quando não pensam no que estão dizendo.
ANTONIO GRAMSCI (1891-1937), filósofo marxista

O primeiro rascunho de qualquer coisa é uma m...
ERNEST HEMINGWAY (1899-1961), escritor americano

" Inutilidade

A crase não foi feita para humilhar ninguém.
FERREIRA GULLAR (1930-2016), poeta e escritor

De todas as formas possíveis de erro, a profecia me parece a mais gratuita.
GEORGE ELIOT, pseudônimo de Mary Ann Evans (1819-1880), escritora inglesa

Nada faz uma mulher parecer tão velha quanto tentar desesperadamente
parecer jovem. **COCO CHANEL** (1883-1971), estilista francesa

O burro do duque de Saxe assistiu a mais de cem batalhas
e continua sendo um burro.
JOSEPH VELLER, major da Missão Militar Francesa, quando lhe sugeriram que,
apesar dos erros, um colega "poderia aprender com a experiência"

Os Brics [são] uma associação de países que surgiu do nada,
rumando para lugar algum.
ELIO GASPARI (1944-), jornalista

No Brasil, historicamente há muito sofrimento e pouco sacrifício.
MARCOS TROYJO (1966-), economista e diplomata, presidente do banco dos Brics

" Inutilidade (vice-presidentes)

A vice-presidência é a função mais insignificante jamais inventada
pelo homem. **JOHN ADAMS** (1735-1826), ex-presidente e um dos
Pais Fundadores dos Estados Unidos

[A vice-presidência] é um cargo de frustração espetacular e, a meu ver, incurável.
ARTHUR SCHLESINGER JR. (1917-2007), historiador americano

Olhe para todos os vice-presidentes ao longo da história. Que é feito deles? Foram tão úteis quanto a quinta teta de uma vaca.
HARRY TRUMAN (1884-1972), ex-presidente dos Estados Unidos

" Investimento

Seja medroso quando os outros são gananciosos e ganancioso quando os outros são medrosos.
WARREN BUFFETT (1930-), investidor americano, explicando as razões de sua fortuna

Leva muito tempo tornar-se jovem.
PABLO PICASSO (1881-1973), pintor espanhol

Se você quer ficar rico, acorde cedo, trabalhe muito e encontre petróleo.
JEAN PAUL GETTY (1892-1976), fundador da Getty Oil Company

" Isentão

Fingido-me de idiota.
FELIPE SOLÁ (1950-), ex-governador da província de Buenos Aires, explicando como conseguiu ter presença em diferentes governos

A sociedade moderna precisa ser vista sem arroubos de indignação ou de entusiasmo.
RAYMOND ARON (1905-1983), filósofo francês

É preciso ser moderado, mas com coragem.
MARTÍN LOUSTEAU (1970-), senador argentino

No Brasil não há conservadores. Há gente atrasada.
SÉRGIO BUARQUE DE HOLANDA (1902-1982), historiador

Nós não somos desonestos nem ingênuos o bastante para aderir.
GIACOMO MATTEOTTI (1885-1924), deputado socialista italiano, explicando por que seu partido não aderiu à euforia fascista que cercou a ascensão de Benito Mussolini ao poder na década de 1920

O apaziguador é aquele que alimenta o crocodilo na esperança de ser comido por último.
WINSTON CHURCHILL (1874-1965), ex-primeiro-ministro britânico

O grande debate nacional não está entre a esquerda e a direita, mas entre moderno e arcaico.
MÁRIO HENRIQUE SIMONSEN (1935-1997), ex-ministro da Fazenda

O PSD estava à esquerda da direita e à direita da esquerda.
ERNANI DO AMARAL PEIXOTO (1905-1989), político brasileiro

Pior é ele, que só acende [velas] para o Diabo.
TANCREDO NEVES (1910-1985), político, em 1984, em resposta a Lula, que o acusara de "acender uma vela para Deus e outra para o Diabo"

Tem gente que me considera um filho da puta e tem gente que me julga um otário. Tenho que conviver com isso.
MAURICIO MACRI (1959-), ex-presidente da Argentina

Um presidente é um conciliador, alguém que não entra na briga do cotidiano. Ele não pode ser um acelerador de conflitos.
FERNANDO HENRIQUE CARDOSO (1931-), ex-presidente da República

Há pessoas que jamais cometem erros, porque nunca desejam algo que valha a pena fazer. **JOHANN WOLFGANG VON GOETHE** (1749-1832), escritor alemão

" Isonomia

Se acabar o foro, é para todo mundo. Suruba é suruba.
Aí é todo mundo na suruba, não uma suruba selecionada.
ROMERO JUCÁ (1954-), ex-senador, ao falar da tentativa de restringir o alcance do foro privilegiado

Um plano de cargos e salários da administração pública é como uma gangorra, só que o eixo é deslizante e ascendente de forma contínua, de modo que há alternância entre quem está por cima e quem está por baixo, mas com todos subindo.
MURILO PORTUGAL (1948-), ex-secretário do Tesouro Nacional, explicando os mecanismos de "correção das distorções" na administração pública

Por que a Angela Merkel pode ficar dezesseis anos no poder e o Daniel Ortega não? **LUIZ INÁCIO LULA DA SILVA** (1945-), ex-presidente da República, a propósito das reações desfavoráveis ao apoio dado pelo PT a mais uma eleição de Daniel Ortega para a Presidência da Nicarágua

J

" Job description

Há provavelmente 1 milhão de pessoas neste país que
poderiam desempenhar melhor minhas funções,
mas fui eu quem conseguiu o emprego.
HARRY TRUMAN (1884-1972), ex-presidente dos Estados Unidos, durante seu mandato

Um presidente da República passa o tempo todo tentando convencer
as pessoas a fazer aquilo que elas deveriam fazer sem que o presidente
pedisse. **IDEM**

Um presidente da República, lidando com os problemas do país,
é como o cara do circo girando os pratos na ponta da vareta.
MICHELLE OBAMA (1964-), ex-primeira-dama dos Estados Unidos

Sou um governador gay, não um gay governador, tanto quanto Obama
não foi um negro presidente, foi um presidente negro.
EDUARDO LEITE (1985-) governador do Rio Grande do Sul

" Juízes

A chapa foi absolvida por excesso de provas. **HERMAN BENJAMIN** (1957-),
ex-ministro do Tribunal Superior Eleitoral, comentando o resultado da votação
da proposta de cassação da chapa Dilma Rousseff-Michel Temer nas eleições de 2014

A ditadura da Justiça está implantada e é a pior de todas elas.
JOSÉ SARNEY (1930-), ex-presidente da República, em "grampo"
gravado pelo ex-senador Sérgio Machado, em 2016

A Justiça tem que ser temida.
MARCELO BRETAS (1970-), juiz da Operação Lava Jato do Rio de Janeiro

A lei deve valer para todos ou não deveria valer para ninguém.
CARLOS FERNANDO DOS SANTOS LIMA (1964-), procurador da República da força-tarefa da Operação Lava Jato

É preciso começar a dar um aperto nos juízes.
CRISTINA KIRCHNER (1953-), ex-presidente da Argentina, em áudio autorizado por uma escuta judicial e posteriormente vazado para a mídia

Na França, tudo é permitido. Só é proibido o que está na lei.
Na Alemanha, tudo é proibido. Só é permitido o que está na lei.
Na Itália, tudo é permitido. Inclusive o que é proibido em lei.
LUIZ FUX (1953-), ministro do Supremo Tribunal Federal

Recuso o papel de coveiro de prova viva. Posso até participar do velório, mas não carrego o caixão. **HERMAN BENJAMIN** (1957-), ex-ministro do Tribunal Superior Eleitoral, relator do processo de cassação da chapa Dilma Rousseff-Michel Temer, em 2017, ao explicar por que não descartou provas surgidas após o início do processo

Os juízes são funcionais à política.
LUIS BARRIONUEVO (1942-), sindicalista argentino, explicando por que disse ao então presidente Mauricio Macri que, se ele perdesse as eleições, corria o risco de ser preso

Se alguém torce pela prisão de A, precisa lembrar que depois vêm B e C.
GILMAR MENDES (1955-), ministro do Supremo Tribunal Federal

Se você for um juiz bom e fiel, você deve se resignar ao fato de que nem sempre vai gostar das conclusões às quais você chega. Se você gostar delas o tempo todo, provavelmente está fazendo algo errado.
ANTONIN SCALIA (1936-2016), ex-juiz da Suprema Corte dos Estados Unidos

Soluções políticas não são boas ou más. [Elas] funcionam ou não.
NELSON JOBIM (1946-), ex-ministro do Supremo Tribunal Federal

" Juventude

Emancipar-se do papel imposto pela expectativa familiar é a missão da adolescência. **NIRLANDO BEIRÃO** (1948-2020), jornalista e escritor

Ou o jovem é um Rimbaud ou é uma besta.
NELSON RODRIGUES (1912-1980), jornalista e dramaturgo

Quem tem gato ou adolescente em casa sabe que com eles basta conversar racionalmente e com calma para que nada se resolva.
EURÍPEDES ALCÂNTARA (1956-), jornalista

Eu era imortal até os quarenta anos.
JORGE LANATA (1960-), jornalista argentino

" Laissez-faire

A visão do governo sobre economia pode ser resumida em poucas frases: "Se algo se move, tribute; se algo continua se movendo, regule; e, se deixa de se mover, subsidie".
RONALD REAGAN (1911-2004), ex-presidente dos Estados Unidos

Jamais interrompa seu adversário quando ele estiver cometendo um erro.
NAPOLEÃO BONAPARTE (1769-1821), imperador da França

O melhor programa social é o emprego.
RONALD REAGAN (1911-2004), ex-presidente dos Estados Unidos

Quando compro algo para mim com meu dinheiro, preocupo-me com o custo e a qualidade; quando compro algo para terceiros com o meu dinheiro, preocupo-me apenas com o custo; quando compro algo para terceiros com o dinheiro de terceiros, não há preocupação com custo nem com qualidade — este é o governo.
MILTON FRIEDMAN (1912-2006), economista americano

" Lava Jato

No Brasil, os cidadãos têm medo do futuro e os políticos têm medo do passado. **CHICO ANYSIO** (1931-2012), humorista

Acho que estamos virando a pátria de tornozeleiras.
MARCOS AZAMBUJA (1935-), diplomata brasileiro, adaptando Nelson Rodrigues.

O devido processo legal não era devido, nem processo, e muito menos legal.
ELIO GASPARI (1944-), jornalista

A gente puxa uma pena, vem uma galinha.
TEORI ZAVASCKI (1948-2017), ex-ministro
do Supremo Tribunal Federal, sobre as investigações acerca da corrupção no Brasil

Roubo para a coroa. **HORACIO VERBITSKY** (1942-), jornalista argentino, em título dado a seu livro, que fazia menção à ideia de que a corrupção era parte do modo de funcionamento do governo para sustentar máquinas políticas poderosas

Dinheiro é uma coisa perigosa. Na mão de um homem público,
é um desastre.
MIGUEL ARRAES (1916-2005), político

É preciso juntar dinheiro para quando estivermos longe do poder.
NÉSTOR KIRCHNER (1950-2010), ex-presidente argentino, em frase a ele atribuída, em resposta a uma pergunta acerca de sua relação com um conhecido empresário da área de concessão de serviços públicos

Hannah Arendt se referiu, em outro contexto, ao conceito da banalidade do mal. Aqui tivemos a "banalidade da corrupção".
HERMAN BENJAMIN (1957-), ex-ministro do Tribunal Superior Eleitoral

Meu chapa, você pode tentar negociar uma coisa ligada à campanha. Pode salvar seu negócio. Podemos passar pouco tempo na cadeia, mas nossas putarias têm que continuar.
SERGIO CÔRTES, médico, ex-secretário de Saúde do estado do Rio de Janeiro, preso pela Operação Lava Jato, em mensagem a um comparsa

Na Argentina, parte do empresariado que atua no setor de distribuição de energia baseia o negócio na falta de pagamento ao provedor do produto, sabendo que a dívida será posteriormente negociada a um preço vil na mesa da política.
CARLOS PAGNI (1961-), jornalista argentino

Nada é mais perigoso para um país pobre do que uma chuva de dinheiro.
CELSO FURTADO (1920-2004), economista, sobre a Venezuela e
a "maldição do petróleo", em 1957

Qual foi o pecado do presidente Lula? Foi ter aberto as universidades para o filho do trabalhador? [...] Ou foi um negro sentar-se ao seu lado no avião? Esse foi o pecado? **FERNANDO HADDAD** (1963-), político, ao ser lançado candidato a presidente da República em 2018

Quando você se volta contra o sistema, o sistema te destrói.
OTÁVIO PESSOA CINTRA (1961-), funcionário da Petrobras que denunciou a compra da refinaria de Pasadena, em entrevista à *Veja* (31 mar. 2016)

" Liberalismo

Não há nada que o governo possa lhe dar que não tenha tirado de você.
WINSTON CHURCHILL (1874-1965), ex-primeiro-ministro britânico

O homem comum [...] prefere adotar padrões tradicionais ou padrões adotados por outras pessoas porque está convencido de que esse procedimento é o mais adequado para atingir o seu próprio bem-estar. E está apto a mudar sua ideologia e, consequentemente, o seu modo de ação, sempre que estiver convencido de que a mudança servirá melhor a seus interesses. **LUDWIG VON MISES** (1881-1973), economista austríaco

" Liberalismo bolsonarista

É melhor perder a vida do que perder a liberdade. **MARCELO QUEIROGA** (1965-), ministro da Saúde, manifestando-se contra a obrigatoriedade de passaporte vacinal

[A Petrobras] é uma estatal que, com todo o respeito, só me dá dor de cabeça.
JAIR BOLSONARO (1955-), presidente da República

Se eu pudesse, eu passava a Petrobras para o Mourão administrar: "Olha, se aumentar combustível, quem manda é o Mourão".
JAIR BOLSONARO, referindo-se ao vice-presidente Hamilton Mourão

Tomar vacina é uma decisão pessoal. Minha mulher, por exemplo, decidiu tomar nos Estados Unidos. Eu não tomei. Taoquei? **JAIR BOLSONARO**

" Liberalismo brazuca

Bolsonaro, em matéria econômica, [é uma] mistura de Dilma Rousseff, Paulinho da Força e Ernesto Geisel. **CARLOS ANDREAZZA** (1980-), jornalista

As pessoas não devem ser ensinadas a olhar o Estado como o provedor de presentes pelos quais ninguém precisa pagar. **WILLIAM BEVERIDGE** (1879-1963), economista britânico

Aqui em Minas o carrapato ficou maior do que a vaca.
ROMEU ZEMA (1964-), governador de Minas, durante sua primeira campanha, explicando o parasitismo do aparelho estatal

Quem decide o tamanho do Estado é a sociedade.
RODRIGO MAIA (1970-), deputado federal

Os liberais "de fora" que vieram para o governo cabem num micro-ônibus.
SALIM MATTAR (1948-), ex-secretário especial de Estatizações e Privatizações, em 2020

" Libido

A única forma interessante de atletismo é a sexual.
EDUARDO ALMEIDA REIS (1937-2022), escritor

Câmbio é que nem sexo: sobe no boato e cai no fato.
NATHAN BLANCHE (1938-), investidor financeiro

O poder é o sexo do impotente. **MAJOR OLÍMPIO** (1962-2021), ex-senador

" Liderança

É preferível um mau comandante que dois bons.
NAPOLEÃO BONAPARTE (1769-1821), imperador da França

Executivos bem-sucedidos devem se cercar de colaboradores melhores do que eles. Muito melhores, aliás. Porque darão as respostas para aquilo que você não sabe. **CLAUDIO GALEAZZI** (1940-), consultor de empresas

Brigar para baixo não lhe traz vantagem alguma.
ANTÔNIO CARLOS MAGALHÃES (1927-2007), ex-governador da Bahia

Sempre que um pintinho peronista quebra o ovo e nasce, ele pergunta: "Onde está o chefe?". **CARLOS PAGNI** (1961-), jornalista argentino

Um manda, o outro obedece. **GENERAL EDUARDO PAZUELLO** (1963-), então ministro da Saúde, após ser desautorizado pelo presidente Jair Bolsonaro

Tem presidente em Brasília?
SERGIO MORO (1972-), ex-juiz da Operação Lava Jato e ex-ministro da Justiça

Liderança, orientação da

Você só sai daqui de camburão ou com os pés pra frente.
CRISTINA KIRCHNER (1953-), ex-presidente da Argentina, em diálogo com um ministro que desejava se demitir, em frase a ela atribuída

Pisem no careca. **MÁXIMO KIRCHNER** (1977-), deputado argentino, em frase a ele atribuída, instigando a tropa de choque kirchnerista a fazer de tudo para prejudicar o prefeito de Buenos Aires, Horacio Rodríguez Larreta, provável "candidato careca" a presidente da República em 2023, em oposição ao peronismo

Rapazes, chegou a hora de ganhar menos
ALBERTO FERNÁNDEZ (1959-), presidente da Argentina, em discurso ao empresariado

Literatura

Ainda existem leitores. Ontem eu encontrei um.
FABIÁN CASAS (1965-), escritor argentino

É muito bom publicar um livro, mas o Tottenham vencer por 3 a 2 o Manchester United não tem preço.
SALMAN RUSHDIE (1947-), escritor indiano

Livros não mudam o mundo, quem muda o mundo são as pessoas. Os livros só mudam as pessoas. **MÁRIO QUINTANA** (1906-1994), poeta

A palavra é metade de quem fala, metade de quem a escuta.
MICHEL DE MONTAIGNE (1533-1592), filósofo francês

O grande clássico é o autor que podemos elogiar sem ter lido.
G. K. CHESTERTON (1874-1936), escritor inglês

Seríamos piores do que somos sem os bons livros que lemos.
MARIO VARGAS LLOSA (1936-), escritor peruano, ao discursar para agradecer o Prêmio Nobel, em 2015, em Elogio da leitura

Talvez o que mais agradeço à França seja a descoberta da América Latina.
IDEM

O romance policial difere dos outros porque o leitor só fica satisfeito quando sente que foi enganado.
G. K. CHESTERTON (1874-1936), escritor inglês

O verbo é a essência da vida. **NIRLANDO BEIRÃO** (1948-2020), escritor

Os [escritores] nacionalistas simulam venerar as capacidades da mente argentina, mas querem limitar o exercício dessa mente a alguns pobres temas locais, como se os argentinos só fossem capazes de falar de fazendas e subúrbios, e não do Universo.
JORGE LUIS BORGES (1899-1986), escritor argentino

" Longevidade

Fidel Castro sobreviveu a Fidel Castro.
MARCOS AZAMBUJA (1935-), diplomata brasileiro

" Lugar de fala

Na omelete de presunto, a galinha participa, mas o porco tem um envolvimento maior.
JUAN CARLOS DE PABLO (1943-), economista argentino

Não é preciso viver mal para pensar bem.
JORGE FERNÁNDEZ DÍAZ (1960-), jornalista argentino

No Brasil, é assim: quando um pobre rouba, ele vai para a cadeia, mas quando um rico rouba, ele vira ministro.
LUIZ INÁCIO LULA DA SILVA (1945-), ex-presidente da República, em 1988

A literatura é um espaço de liberdade, não pode haver esse tipo de preocupação. O que significa ter lugar de fala na literatura? Que só posso escrever sobre o que vivo? Só sobre a minha experiência? Isso é de uma pobreza... [...] Literatura e lugar de fala são duas coisas incompatíveis.
PATRÍCIA MELO (1962-), escritora

A primeira qualidade de um romancista é ser mentiroso.
BLAISE CENDRARS, pseudônimo de Frédéric Sauser (1887-1961), escritor suíço

Literatura é lugar de risco, não de fala. **BERNARDO CARVALHO** (1960-), escritor

Eu comprovei [muito cedo] que a realidade e eu nem sempre coincidíamos. **ADOLFO BIOY CASARES** (1914-1999), escritor argentino

O problema do conhecimento é que há muito mais livros sobre pássaros escritos por ornitologistas que livros sobre pássaros escritos por pássaros e livros sobre ornitologistas escritos por pássaros.
NASSIM NICHOLAS TALEB (1960-), matemático e escritor líbano-americano

" Lulopetismo

Um jovem que está trabalhando, que recebe um salário e pode comprar um celular bonito como este teu, não tem por que assaltar uma pessoa para roubar um celular.
LUIZ INÁCIO LULA DA SILVA (1945-), ex-presidente da República, em dezembro de 2017

O lulopetismo [é a] variante tupiniquim de um persistente mal latino-americano, a crença ingênua nas virtudes supostamente benéficas do populismo demagógico e do salvacionismo redentor — ambos irracionais, mas possuindo poderosos efeitos eleitorais.
PAULO ROBERTO ALMEIDA (1949-), diplomata

No mundo moderno, em diversos países, a qualidade da liderança está ficando defasada em relação à complexidade dos problemas. (bis)
HENRY KISSINGER (1923-), diplomata americano

Confia em mim. Vai, junta o dinheiro que der. Já disse várias vezes e vou dizer mais uma, duas vezes: eu detesto o Mouro. Meus motivos estão bem arraigados no fundo, e os teus não estão lá muito longe: então vamos nos coligar numa vingança contra ele.
WILLIAM SHAKESPEARE (1564-1616), dramaturgo inglês, Iago em "Otelo", Ato I cena 3.*
Trecho predileto dos petistas, segundo observado por shakesperianos de Curitiba

---

* William Shakespeare, A tragédia de Otelo, o mouro de Veneza. Trad., intr. e notas de Lawrence Flores Pereira. São Paulo: Companhia das Letras, 2017, pp. 158-9.

" Macaquices

Negociar com o Tesouro Nacional é como fazer sexo com gorila.
JOSÉ FLÁVIO RAMOS (1958-), executivo do mercado financeiro

Você está aterrissando a nave em Marte. Aí chega um macaco lá, aperta três botões, chuta o painel e começa a desviar a nave. O macaco, no fundo, é um desacerto entre nós. [...] O macaco pode ter sido da Economia, outro macaco está no Congresso, outro macaco está lá no entorno do presidente, e outro macaco é um ministro.
PAULO GUEDES (1949-), ministro da Economia

Os políticos são como macacos. Quanto mais alto eles sobem, mais revoltantes são as partes que eles exibem.
GWILYM LLOYD GEORGE (1894-1967), político inglês, filho de David Lloyd George

" Maioria parlamentar

Meu papel é levar todos comigo, não só aqueles que são bons. Porque, se eu quiser liderar apenas os bons, vou ficar com pouca gente.
JUAN DOMINGO PERÓN (1895-1974), ex-presidente da Argentina, quando criticado por não recusar o apoio de certas forças políticas

Se você tem maioria de votos no Congresso, você só não faz homem virar mulher e mulher virar homem. O resto você faz.
ULYSSES GUIMARÃES (1916-1992), político

" Materialismo dialético

A única razão para ir falar com o ministro da Economia é para tirar dinheiro dele. **JUAN CARLOS DE PABLO** (1943-), economista argentino

Como não tenho filhos, vou criar uma fundação para deixar o que tenho. Senão, fica para o Estado, e aí vem a burocracia, que é pior que a burguesia. **JOSÉ "PEPE" MUJICA** (1935-), ex-presidente do Uruguai

Ficamos muito felizes com [...] esse sentimento de retomada da moralidade e das práticas republicanas.
CHICO RODRIGUES (1951-), senador, meses antes de ser flagrado com dinheiro na cueca

O populismo requer uma condição: precisa de muito dinheiro, embora se trate de recursos que pertencem a várias gerações. Gasta até que os ventos mudam. O populismo sem talão de cheques não tem destino.
JOAQUÍN MORALES SOLÁ (1950-), jornalista argentino

Os Kirchner ficaram ricos enquanto garantiam a seus seguidores fanáticos que estavam descendo por Sierra Maestra.
JOAQUÍN MORALES SOLÁ (1950-), jornalista argentino

Tem muito deputado que só pede coisas que têm cofre no meio.
LUÍS EDUARDO MAGALHÃES (1955-1998), político, explicando as demandas de muitos parlamentares

" Materialismo neoliberal

Deixar de mencionar [num seminário sobre as razões da decadência da Argentina], as palavras "máfia" e "peronismo" [...] é como fazer terapia familiar profunda, que fale de tudo, mas deixe de lembrar que o vovô era um serial-killer. **JORGE FERNÁNDEZ DÍAZ** (1960-), jornalista argentino

Não podemos querer ter economias 4.0 com sistemas políticos 2.0.
MARCELO REBELO DE SOUZA (1948-), presidente de Portugal

No futebol, tudo se complica pela presença do time contrário.
JEAN-PAUL SARTRE (1905-1980), filósofo francês

O diagnóstico é claro: faltam dólares e sobram subsídios.
MIGUEL BEIN (1951-2021), economista argentino, em 2015

A falta de dinheiro é a raiz de todos os males.
MARK TWAIN (1835-1910), escritor americano

Uma dúvida razoável começa com o pagamento de um honorário razoável.
MURRAY RICHMAN, famoso advogado americano

Vergonha é uma mercadoria em falta na Câmara.
MIRO TEIXEIRA (1945-), político

Medo

As pessoas reagem ao medo, não ao amor. Ninguém aprende isso nas aulas de catecismo, mas a verdade é essa.
RICHARD NIXON (1913-1994), ex-presidente dos Estados Unidos

É preciso temer somente a Deus. E um pouco a mim, também.
CRISTINA KIRCHNER (1953-), ex-presidente da Argentina

O governo é como cobra venenosa: continua provocando medo até mesmo quando está morta.
NEY SUASSUNA (1941-), ex-senador, sobre o "poder da caneta"

O medo é o mais poderoso dos sentimentos na política.
DAVID SCHULTZ (1958-), cientista político americano

Melancolia

A melancolia é a felicidade de estar triste.
VICTOR HUGO (1802-1885), escritor francês

A melancolia é a tristeza que se tornou leve.
ITALO CALVINO (1923-1985), escritor italiano

A melancolia também é um direito inalienável.
JORGE SIGAL (1953-), jornalista argentino, secretário de Mídias Públicas de Mauricio Macri, falando sobre os intelectuais que lamentam a falta de revoluções

A melancolia é uma doença que consiste em ver as coisas como elas são.
GÉRARD DE NERVAL (1808-1855), escritor francês

Não tenha inveja da felicidade de quem vive num paraíso dos tolos, pois só um tolo achará que isso é felicidade.
BERTRAND RUSSELL (1872-1970), filósofo galês

O desotimismo invadiu o Brasil.
WASHINGTON OLIVETTO (1951-), publicitário

" Mentirinha

As boas finanças são filhas da boa política.
ULYSSES GUIMARÃES (1916-1992), político

O bom político costuma ser mau parente. **IDEM**

Entrego as responsabilidades oficiais que tomei para mim neste cargo e reassumo o único título de nossa democracia que tem valor maior que o de presidente — o título de cidadão. **JIMMY CARTER** (1924-), ex-presidente dos Estados Unidos, em seu último discurso à nação no cargo

Entro na lama com os porcos, mas saio do outro lado limpo e de terno branco. **NORBERTO ODEBRECHT** (1920-2014), empresário, em frase a ele atribuída, falando de sua relação com os governos e os políticos

Eu não estou dizendo que sou candidato. **JAIR BOLSONARO** (1955-), presidente da República, em uma de suas lives semanais, negando ser candidato à reeleição

Se alguém acha que tenho um tesão por aquela cadeira lá [de presidente], está completamente enganado. **JAIR BOLSONARO**

Eu não tenho inimigos, e sim adversários.
SERGIO MASSA (1972-), político argentino

Eu sempre fui contra o loteamento de cargos.
ROMERO JUCÁ (1954-), ex-senador, sobre o possível apoio do MDB a Bolsonaro no segundo turno das eleições de 2018

Há coisas mais importantes do que ser reeleito.
TOM PERRIELLO (1974-), ex-membro da Câmara de Representantes dos Estados Unidos, explicando por que votaria a favor da reforma da saúde proposta por Barack Obama, mesmo sabendo que isso colocaria em risco as chances de ser reeleito pelo seu distrito

A imaginação é mais importante que o conhecimento.
ALBERT EINSTEIN (1879-1955), físico alemão

Não existe esse negócio de idade.
TAO PORCHON-LYNCH (1918-2020), mestre de ioga americana, aos 99 anos

Só percebemos a verdadeira beleza à medida que a pessoa envelhece.
ANOUK AIMÉE (1932-), atriz francesa

Não estaria à frente do BC se não tivesse autonomia.
ALEXANDRE TOMBINI (1963-), ex-presidente do Banco Central, em 2015

Não há nenhuma razão para desvalorizar o peso.
MIGUEL PESCE (1962-), presidente do Banco Central argentino, antes do peso se desvalorizar

Não tem neste país uma viv'alma mais honesta que eu.
LUIZ INÁCIO LULA DA SILVA (1945-), ex-presidente da República, em entrevista a blogueiros, em 2016

Não necessariamente preciso novamente ser presidente.
LUIZ INÁCIO LULA DA SILVA, em fevereiro de 2021, sobre ser candidato em 2022

Para quem tem interesses amplos e entusiásticos e se mantém ativo, não há razão para não pensar na idade como um mero acontecimento estatístico. **BERTRAND RUSSELL** (1872-1970), filósofo galês

Quem gosta muito de ter muito dinheiro deve ser tirado da política.
JOSÉ "PEPE" MUJICA (1935-), ex-presidente do Uruguai

Saúde não é mercadoria. Vida não é negócio. Dignidade não é lucro.
CÁRMEN LÚCIA (1954-), ministra do Supremo Tribunal Federal, ao suspender resolução da Agência Nacional de Saúde sobre planos de saúde

Sou um jornalista.
JULIO MARÍA SANGUINETTI (1936-), duas vezes presidente do Uruguai

Ele é técnico, profissional e rápido: tudo que a política não aceita.
DEPUTADO CORONEL TADEU (1965-), sobre o ministro Paulo Guedes, em 2019

Tudo se aprende. Só não se aprende a ter caráter.
TARCÍSIO DE FREITAS (1975-), ministro da Infraestrutura, em 2022, quando indagado acerca de sua falta de conhecimento da política de São Paulo e sua candidatura ao governo do estado

Não há alma honesta que seja mais viva do que eu.
JORGE BASTOS MORENO (1954-2017), jornalista brasileiro, reordenando a frase de Lula

" Mercado de ações

A política opera no mercado futuro.
LUIZ WEBER, jornalista e advogado

Achamos que a Bolsa vai subir — a despeito de sabermos que isso não faz o menor sentido.
THIAGO BARBIERI, analista financeiro, no início de um rally da Bolsa brasileira

Dizer que alguém é bom em produzir lucros, mas ruim na administração de riscos, é como afirmar que alguém é um bom cirurgião, exceto pelos casos em que o paciente morreu.
NASSIM NICHOLAS TALEB (1960-), matemático e escritor líbano-americano

Em finanças, são raras as batalhas entre o bom e o malvado. O que ocorre, em geral, são batalhas entre avarentos corruptos e avarentos implacáveis.
JAMES KWAK (1969-), blogueiro americano

Na Bolsa, é necessário comprar ao som dos canhões e vender ao som dos trompetes. **WARREN BUFFETT** (1930-), investidor americano

Não existe investidor bom e investidor ruim. O investidor ruim morre.
NATHAN BLANCHE (1938-), investidor financeiro

O mercado de capitais no Brasil é uma farsa.
ARY OSWALDO MATTOS FILHO (1945-), ex-presidente da Comissão de Valores Mobiliários, sobre a concentração do mercado em ações de poucas empresas

O mercado reage, o dólar sobe, a Bolsa cai. Agora, esse mercado tem que dar um tempinho também, né? Um pouquinho de patriotismo não faz mal a eles.
JAIR BOLSONARO (1955-), presidente da República, reagindo ao aumento da cotação do dólar

E assim irei de século a século, até o paraíso terrestre, forma rudimentária do encilhamento, onde se vendeu a primeira ação do mundo. Eva comprou-a à serpente, com ágio, e vendeu-a a Adão, também com ágio, até que ambos faliram. **MACHADO DE ASSIS** (1839-1908), escritor

" Mercosul

Estamos condenados a ser amigos. **MARCOS AZAMBUJA** (1935-), diplomata brasileiro, sobre as relações entre Brasil e Argentina

A Argentina dá sempre boas lições e maus exemplos — e ambos interessam ao Brasil. **IDEM**

Gostaria de lembrar a sempre atual e oportuna advertência feita algum dia a dois porcos-espinhos inexperientes sobre como fazer o amor: que tivessem muito cuidado. **IDEM**

No rincão da Sulamérica o Brasil é um estrangeiro enorme.
MÁRIO DE ANDRADE (1893-1945), poeta

Os brasileiros amam odiar os argentinos e os argentinos odeiam amar os brasileiros. **PABLO ALABARCES** (1961-), antropólogo argentino

Os uruguaios são argentinos melhorados.
JORGE FERNÁNDEZ DÍAZ (1960-), jornalista argentino

Mercosul, *macaneada*

O Mercosul é a união entre o bom gosto e a sobriedade brasileira, a honestidade paraguaia, a alegria uruguaia, a simplicidade e humildade argentina e a sinceridade chilena.
JULIO MARÍA SANGUINETTI (1936-), ex-presidente do Uruguai

Doutor, a gente está na televisão. A gente tem que jogar.
AUTORIDADE DESPORTIVA DA FIFA, no jogo entre Brasil e Argentina pelas eliminatórias para a Copa do Mundo, em 2021, para o fiscal da Anvisa que, apoiado pela Polícia Federal, interrompeu o clássico por violação dos protocolos sanitários, segundo o relato de Galvão Bueno

Milícia

A situação de insegurança na Argentina é tão grande que a gente está escolhendo os cachorros em função do número de dentes. Daqui a pouco as pessoas vão colocar um crocodilo no jardim.
LUIS JUEZ (1963-), deputado argentino pela província de Córdoba, conhecida nacionalmente pelo senso de humor

A violência [...] é o clima de toda uma época.
ANTONIO SCURATI (1969-), escritor italiano, sobre a década de 1920 na Itália

A violência na mão do povo não é violência: é justiça.
JUAN DOMINGO PERÓN (1895-1974), ex-presidente da Argentina

Militância

A humanidade só é viável se conseguirmos manter a proporção de idiotas militantes abaixo dos 20%.
HÉLIO SCHWARTSMAN (1965-), jornalista e filósofo

A ignorância específica da turma [dos artistas] costuma ser proporcional às suas crenças genéricas.
REINALDO AZEVEDO (1961-), jornalista

Os filhos dos revolucionários devem compartilhar todos os aspectos da vida de seus pais, inclusive seus riscos. […] A bela imagem da mãe vietnamita que amamenta seu filho tendo ao lado um fuzil, que aparece em algumas revistas, é todo um símbolo desta nova atitude revolucionária em relação aos filhos. **LUIS ORTOLANI**, escritor argentino, em Moral e proletarização, manual de conduta ética do Exército Revolucionário do Povo (ERP), grupo guerrilheiro argentino, assinado com o pseudônimo de Julio Parra, em 1972

Um militante político funciona com base numa mistura que combina a lógica do Pato Donald com as práticas da Inquisição.
JAIME DURÁN BARBA, (1947-), marqueteiro político equatoriano atuante na Argentina

Militares

A Justiça Militar está para a Justiça como a música militar está para a música. **GEORGES CLEMENCEAU** (1841-1929), ex-presidente francês

Ele ficou quinze anos, entre 1973 e 1988 [no Exército], e permaneceu trinta anos como político. Se colocarmos numa balança, ele foi muito mais político do que militar. Encerrou a carreira dele num posto que é o de capitão, onde você é muito mais "físico" do que "intelectual". Quando você muda da parte do "físico" para o "intelectual"... ele não viveu esse momento na sua carreira militar. **HAMILTON MOURÃO** (1953-), general de exército, vice-presidente da República, sobre o presidente Jair Bolsonaro, em 2019

Entre um general ruim e dois generais bons, prefiro lidar com o general fraco. **JUAN DOMINGO PERÓN** (1895-1974), ex-presidente da Argentina

Eu preciso de generais com sorte. **NAPOLEÃO BONAPARTE** (1769-1821), imperador da França, sobre a presença de elementos fortuitos nas grandes batalhas

Mantenham-se agindo de acordo com sua consciência humana e bússola moral, e não de acordo com o caminho para onde os ventos estão soprando. **GENERAL YAIR GOLAN** (1962-), militar israelense, em discurso à liderança do Exército, como forma de resposta ao primeiro-ministro Benjamin Netanyahu, que implicitamente se opusera à punição de um soldado israelense que atirou na cabeça de um palestino caído no chão à espera de atendimento médico

Os médicos não sabem fazer guerra e os generais não sabem fazer saúde.
LUIZ HENRIQUE MANDETTA (1964-), ex-ministro da Saúde, acerca da militarização do Ministério no governo Bolsonaro

O acaso e a incerteza são dos elementos mais comuns e mais importantes numa guerra. **CARL VON CLAUSEWITZ** (1780-1831), general alemão

O Exército, como o concebem os franceses, deve ser "o grande mudo", pronto a se sacrificar pelo bem da nação.
CÂNDIDO MARIANO RONDON (1865-1958), engenheiro militar

" Mineirice

Dois judeus se encontram numa estação de trens. O primeiro pergunta onde o outro vai, e ouve que é para Cracóvia, ao que o primeiro diz: "Tu dizes que vais para Cracóvia para que eu pense que vais para Lemberg, mas eu sei muito bem que tu REALMENTE vais para Cracóvia.
SIGMUND FREUD (1856-1939), médico austríaco, pioneiro da psicanálise, em reflexão sobre o inconsciente

Ele diz que vai para Barbacena para que eu pense que ele vai para outra cidade, mas eu sei que ele vai mesmo para Barbacena.
MAGALHÃES PINTO (1909-1996), político, sobre seu arquirrival Tancredo Neves

Minas é um estado de espírito.
NIRLANDO BEIRÃO (1948-2020), jornalista e escritor

Não brigo, mas também não faço as pazes.
HÉLIO GARCIA (1931-2016), político mineiro

Acho que o que tenho de mais mineiro é saber que o caminho mais curto não é o que une em reta dois pontos. [...] [O mineiro] tem dessas coisas: complica de propósito, dizendo que é para simplificar.
NIRLANDO BEIRÃO (1948-2020), jornalista e escritor

O mineiro é tão cauteloso que, quando lhe perguntam o nome completo, responde: "Qual a parte que você sabe?".
FERNANDO SABINO (1923-2004), escritor

[O mineiro] espia, escuta, indaga, protela ou palia, se sopita, tolera, remancheia, perrengueia, sorri, escapole, se retarda, faz véspera, tempera, cala a boca, matura, destorce, engambela, pauteia, se prepara.
JOÃO GUIMARÃES ROSA (1908-1967), escritor

" Misericórdia

Perdoar é muito fácil. [...] Prefiro a vingança.
KARL LAGERFELD (1933-2019), estilista alemão

Ao amigo tudo; ao inimigo, nem Justiça.
JUAN DOMINGO PERÓN (1895-1974), ex-presidente da Argentina

É para despachar ao deserto e, quando pedir água, dar a ele uma anchova com sal. **NÉSTOR KIRCHNER** (1950-2010), ex-presidente da Argentina, acerca de como tratar um adversário político

Você tem que enfiar a faca no peito do inimigo e rodar a faca. Se não, ele vai te matar. **CARLOS FRONER** (1919-2002), técnico de futebol, sobre jogos em que o time está vencendo por um gol de diferença e não se empenha em liquidar a partida

" Modernidade

No século XXI, com a era digital, será cada vez mais fácil chegar ao poder, mais difícil usá-lo e mais fácil perdê-lo.
MOISÉS NAÍM (1952-), escritor venezuelano

Os jovens acham que sexo é uma coisa inventada nos anos 1960.
PAULO FRANCIS (1930-1997), jornalista

Perde-se o Brasil, senhor (digamo-lo em uma palavra), porque alguns ministros de sua majestade não vêm cá buscar o nosso bem, vêm cá buscar nossos bens. **PADRE ANTÔNIO VIEIRA** (1608-1697)

Sinto que governar agora não tem qualquer relação com o que era há cinco anos. **SEBÁSTIAN PIÑERA** (1949-), presidente do Chile, em 2019, durante sua segunda Presidência

" Morte

A forca é o mais desagradável dos instrumentos de corda.
BARÃO DE ITARARÉ, pseudônimo de Aparício Torelly (1895-1971), jornalista e humorista

A morte é uma formalidade desagradável, mas todos os candidatos são aprovados. **PAUL CLAUDEL** (1868-1955), escritor e diplomata francês

No fundo, ninguém quer ir embora. **PAULO NIEMEYER** (1914-2004), neurocirurgião, acerca do seu tio Oscar, quando este tinha 104 anos

As pessoas não morrem, ficam encantadas.
JOÃO GUIMARÃES ROSA (1908-1967), escritor

Minha relação com a morte é a mesma de sempre:
sou fortemente contrário a ela.
WOODY ALLEN (1935-), cineasta americano, depois dos 75 anos, quando indagado se a idade tinha mudado sua relação com a morte

Minha geração começou a ser convocada.
MÁRCIO MOREIRA ALVES (1936-2009), jornalista, comentando a morte de um amigo

Nunca penso no futuro: ele sempre chega muito cedo.
ALBERT EINSTEIN (1879-1955), físico alemão

O que eu penso da morte? Sou contra. **LUIS BRANDONI** (1940-), ator argentino, no filme *Minha obra-prima*, no qual ele faz um velho artista rabugento

O único problema filosófico verdadeiramente sério é o suicídio. Julgar se a vida merece ou não ser vivida é responder a uma questão fundamental da filosofia. **ALBERT CAMUS** (1913-1960), escritor franco-argelino

" Mundo animal

A política argentina se acostumou a repartir o urso antes de caçá-lo.
JORGE LANATA (1960-), jornalista argentino

A tartaruga, com aquela lerdeza toda, vive muitos anos. Não conheço nenhum coelho que viva tanto. **CHICO ANYSIO** (1931-2012), humorista

Arca de Noé é foda. Tem sempre um pica-pau a bordo querendo ferrar o negócio todo. **PAULO GUEDES** (1949-), ministro da Economia, reclamando de um ministro "gastador"

Perdemos bancos públicos através de associações perversas entre piratas privados, burocratas corruptos e criaturas do pântano político. **IDEM**

É melhor viver um dia como leão que cem anos como cordeiro.
BENITO MUSSOLINI (1883-1945), líder fascista italiano

Meu bicho favorito é o bife.
FRAN LEBOWITZ (1950-), escritora americana

Não existe animal mais feroz do que o homem quando o poder se junta com a paixão. **PLUTARCO** (46-120), filósofo grego

O homem é um animal racional que sempre perde a calma quando é chamado a agir com base nos princípios da razão.
OSCAR WILDE (1854-1900), escritor irlandês

Muitos ainda insistem numa ferramenta chamada lockdown, que já está provada em várias experiências no mundo que ela é ineficiente. E por que ela é ineficiente? Alguém consegue impedir nas áreas urbanas que o passarinho, o cão de rua, o gato, o rato, a pulga, a formiga, o inseto se locomova? Alguém consegue fazer lockdown dos insetos? É óbvio que não. E todos eles transportam o vírus. **ONYX LORENZONI** (1954-), político

O peronismo se converte num predador quando julga que o poder está na virada da esquina. **JOAQUÍN MORALES SOLÁ** (1950-), jornalista argentino

O peronismo tem um faro especial para perceber a fraqueza política.
PABLO ROSSI (1971-), jornalista argentino

Os Coelho de Petrolina são a espécie mais feroz do reino animal.
EDUARDO CAMPOS (1965-2014), político pernambucano

Quem viver em Pernambuco,/ Há de estar desenganado;/
Ou há de ser Cavalcanti, ou há de ser cavalgado.
QUADRA POPULAR da época da Revolução Praieira em Pernambuco, em 1848,
aludindo ao poder dos irmãos Cavalcanti de Albuquerque

Os jacarés que se avistaram são feras que pretendem comer a mesma onça.
ASSIS CHATEAUBRIAND (1892-1968), jornalista, sobre o encontro entre
Ademar de Barros e Getúlio Vargas, em 1949, na fazenda deste último,
a propósito das eleições presidenciais de 1950

N

" **Narrativa**

A história é uma invenção à qual a realidade traz consigo seus próprios materiais. **ANTONIO SCURATI** (1969-), escritor italiano

A linguagem, na política, serve para fazer as mentiras soarem confiáveis e os assassinos respeitáveis, além de dar uma aparência de solidez ao que não passa de vento.
GEORGE ORWELL (1903-1950), escritor inglês

A verdade — ou o que se entende como verdade — nada mais é do que uma interpretação que prevalece sobre as outras.
DANIEL MANTOVANI, protagonista do filme argentino *O cidadão ilustre*

Afirmar que a previdência não tem déficit equivale a dizer que no 7 a 1 contra a Alemanha, se a gente considerar o que aconteceu apenas nos últimos quinze minutos, o Brasil ganhou de 1 a 0.
PEDRO NERY (1988-), economista e consultor legislativo, especialista em temas previdenciários

Às vezes os governos se envolvem tanto no jogo de manipulação que os próprios ditadores acabam manipulados.
LUIGI ZINGALES (1963-), economista italiano

Não estou envelhecendo, e sim evoluindo.
KEITH RICHARDS (1943-), compositor e guitarrista inglês, dos Rolling Stones

Não existe nenhuma opinião, por absurda que seja, que os homens não se lancem a torná-la sua, tão logo se tenha chegado a convencê-los de que é universalmente aceita. [...] São ovelhas que vão atrás do carneiro-guia para onde quer que as leve.
ARTHUR SCHOPENHAUER (1788-1860), filósofo alemão

Os fatos já não têm importância para ninguém. São meros pontos de partida para o pensamento e a invenção. **JORGE LUIS BORGES** (1899-1986), escritor argentino

Há metáforas que são mais reais do que a gente que anda na rua.
BERNARDO SOARES, heterônimo de Fernando Pessoa (1888-1935), escritor português

Tudo o que eu falo é tirado de contexto.
PAULO GUEDES (1949-), ministro da Economia

No futebol, ganha-se de mil maneiras.
PEP GUARDIOLA (1971-), técnico de futebol espanhol

Os biógrafos não conhecem a vida sexual de suas próprias esposas, mas acreditam conhecer a de Stendhal ou a de Faulkner.
MILAN KUNDERA (1929-), escritor tcheco

Seu problema é que você continua querendo responder à pergunta, quando o que você deve fazer é transmitir sua mensagem.
DAVID AXELROD (1955-), assessor político da campanha presidencial de Barack Obama, repreendendo o então candidato

Você faz campanha em poesia e governa em prosa.
MARIO CUOMO (1932-2015), político americano

" **Negacionismo**

Não acredito que a inflação exista no mundo real.
LUIS SALAS RODRÍGUEZ (1977-), ministro da Economia da Venezuela, quando a inflação chegou aos três dígitos, em 2015

É preciso distinguir entre informação errada, desinformação e negacionismo. Informação errada é quando o GPS erra o caminho do mercado. Desinformação é a informação mentirosa, fabricada para enganar: um hacker adultera o seu GPS. O negacionismo é um projeto que utiliza a desinformação como arma.
NATALIA PASTERNAK (1976-), bióloga

Fique em casa que economia a gente vê depois. Isso é para os fracos.
JAIR BOLSONARO (1955-), presidente da República, sobre a recomendação de ficar em casa como forma de combater a propagação da Covid-19

A verdadeira ignorância não é a ausência de conhecimento, mas a recusa a adquiri-lo.
KARL POPPER (1902-1994), filósofo austro-britânico

Não acredito em aquecimento global. Vejam que fui a Roma em maio e estava tendo uma onda de frio enorme.
ERNESTO ARAÚJO (1967-), ex-ministro das Relações Exteriores, *O Globo* (3 ago. 2019)

A maior vantagem da Argentina é que a China está longe.
GINÉS GONZÁLEZ GARCÍA (1945-), então ministro da Saúde da Argentina, no começo de 2020, ano do início da pandemia de Covid-19

Ele [o homem] é livre para escolher a alternativa errada, mas não é livre para ser bem-sucedido com isso... O homem é livre para não ser consciente, mas não é livre para escapar da penalidade da inconsciência, a destruição. **AYN RAND** (1905-1982), escritora russo-americana

É fácil driblar responsabilidades, mas não se pode driblar as consequências de driblar responsabilidades.
JOSIAH STAMP (1880-1940), economista inglês

Neoliberalismo

A função do Estado liberal é [...] a de estabelecer as regras do jogo, mas não a de jogar.
EUGÊNIO GUDIN (1886-1986), ex-ministro da Fazenda

Ainda se pode viver sem o governo federal em São Paulo. Este é o seu segredo. **PAULO FRANCIS** (1930-1997), jornalista

É preciso entender a cultura da inovação. Aprenda a fracassar. Às vezes você falha, mas tudo bem. Mexa-se e vá em frente.
DOV MORAN (1955-), empresário israelense

Estratégico não é mais o petróleo, a energia ou o telefone.
Estratégico é investir em gente, educação, saúde e segurança.
MÁRIO HENRIQUE SIMONSEN (1935-1997), ex-ministro da Fazenda

Não existe nada estável no mundo: o alvoroço é nossa única música.
JOHN KEATS (1795-1821), poeta inglês

Não foi o capitalismo que mergulhou a humanidade na miséria,
mas quem a tirou.
LUC FERRY (1951-), filósofo francês

Pessoas desejosas de que o mundo se adéque aos princípios empresariais
são realistas. Aqueles que pensam de maneira oposta são românticos.
MALCOLM GLADWELL (1963-), jornalista britânico

No comprendo

O Walther está me cobrando juros.
ROBERTO MARINHO (1904-2003), proprietário do Grupo Globo, reclamando
das condições de empréstimo do seu amigo banqueiro Walther Moreira Salles

Quando a idiotice prevalece, eu deixo de compreender.
RAYMOND ARON (1905-1983), filósofo francês

Aqui tem 37 municípios. Eu vou ler os nomes dos municípios
[...] Eu ia ler os nomes, mas não vou mais. Por que não vou mais?
Eu não estou achando os nomes. Logo, não posso lê-los.
DILMA ROUSSEFF (1947-), ex-presidente da República

Non Sequitur

Não podemos ficar em casa *ad eternum*, esperando que a solução
caia do céu. Lamentamos as mortes. É como em um campo
de batalha, mas se nada fizermos seremos derrotados.
JAIR BOLSONARO (1955-), presidente da República, sobre as mortes
na pandemia de Covid-19

Por isso que eu quero que o povo se arme! [É] a garantia que não vai aparecer um filho da puta e impor uma ditadura aqui.
JAIR BOLSONARO, em reunião ministerial, em abril de 2020

O pós-modernismo fez acreditar que o segredo era o individualismo, e o sucesso era ganhar dinheiro, e aí estão eles: apareceu um vírus microscópico e levou fortunas daqueles que acumulam riquezas. Para que serviu acumular tanto, para que serviu tanto individualismo? Para que tudo hoje não tenha valor algum. **ALBERTO FERNÁNDEZ** (1959-), presidente da Argentina, em discurso durante a pandemia de Covid-19

" Nostalgia

A Argentina é um país para se ter saudade dela, não onde viver.
JOSÉ "TOTI" IGLESIAS (1957-), ex-jogador de futebol argentino

A memória não filma. A memória fotografa.
MILAN KUNDERA (1929-), escritor tcheco

A obsessão pelo passado é o problema-chave dos países latino-americanos. **ANDRÉS OPPENHEIMER** (1951-), jornalista argentino

Eu tenho saudades da Argentina quando estou na Argentina. [...] Eu vivia melhor no passado. [...] Meu lugar já não é aqui.
MIGUEL ÁNGÉL SOLÁ (1950-), ator argentino

Minha pátria é minha infância;/ por isso vivo no exílio.
ANTÔNIO CARLOS DE BRITO, Cacaso (1944-1987), poeta

O grande problema da Argentina não é a falta de futuro, mas o excesso de passado. **CLAUDIO ZUCHOVICKI**, financista argentino

O passado é um país estrangeiro [...] que continua a existir paralelamente ao presente. **ANTONIO LOBO ANTUNES** (1942-), escritor português

Quando alguém sente saudades de um lugar, na verdade sente saudades é da época que corresponde a esse lugar: não se sente saudade do lugar, e sim dos tempos. **MARCEL PROUST** (1871-1922), escritor francês

" Nova matriz

A gestão Dilma foi a expressão burra do geiselismo.
FERNANDO HENRIQUE CARDOSO (1931-), ex-presidente da República

Se o texto [...] em algum momento lhe parecer ficção,
a culpa é dos fatos, não dos autores.
ARMINIO FRAGA (1957-), ex-presidente do Banco Central, em prefácio
ao livro *Anatomia de um desastre*, de Claudia Safatle, João Borges e
Ribamar Oliveira, sobre o descalabro fiscal do governo Dilma Rousseff

Às vezes, finjo ser outra pessoa. Às vezes eu sou a Janete.
DILMA ROUSSEFF (1947-), ex-presidente da República, explicando o que faz
quando recebe ligações de vendedores de serviços das operadoras telefônicas

O Brasil precisa [...] de mais Estado e menos mercado.
JOSÉ GUIMARÃES (1959-), ex-líder do governo na Câmara dos Deputados,
ao comemorar a posse de Nelson Barbosa no Ministério da Fazenda, em 2015

Dilma atingiu o máximo de sua popularidade de curto prazo
quando estava no máximo de seus erros de longo prazo.
ANTONIO DELFIM NETTO (1928-), ex-ministro da Fazenda

Dilma é a Isabelita sem Péron. **ANÔNIMO**

Estou aqui com o Fernando Pimentel e com o Fernando Haddad.
Dois Haddads. Não, dois Pimenteis. Não, um Fernando.
DILMA ROUSSEFF (1947-), ex-presidente da República, na campanha eleitoral de 2018

Eu estou otimista quanto ao Brasil. Eu sou algo que a humanidade
desenvolveu quando se tornou humana. **DILMA ROUSSEFF**

Não acho que quem ganhar ou quem perder, nem quem ganhar nem
perder vai ganhar ou perder. Vai todo mundo perder. **IDEM**

O mosquito gosta de fruta, ele não pica e nem extrai sangue das pessoas.
Quem faz isso é a mosquita. **IDEM**

Getúlio Vargas fundou a Petrobras e Dilma Rousseff a afundou.
CÁSSIO CUNHA LIMA (1963-), ex-senador

" Nova política

Bolsonaro acabou com o "toma lá dá cá" e inaugurou o "toma lá dá lá": dá emendas e cargos e não ganha nenhuma reforma em troca. **KIM KATAGUIRI** (1996-), deputado federal

Bolsonaro é um Maquiavel de Rio das Pedras.
MARCO ANTONIO VILLA (1955-), historiador

Na crise, o governo precisa dos deputados. Num ambiente de crescimento, os deputados precisam do governo. **ILIMAR FRANCO** (1959-), jornalista

O PSL Personnalité [é] também conhecido como Partido Novo.
MARCELO FREIXO (1967-), deputado federal

Quando o governo distribui dinheiro, os ânimos ficam mais serenos.
JULIO BLANCK (1954-2018), jornalista argentino, sobre a relação do governo federal com os governadores

" Novo normal

Quando uma jornalista inglesa me perguntou como eu podia suportar viver num país como Israel, onde havia tantos atentados, eu perguntei-lhe como suportava sobreviver num país onde o sol aparece tão poucas vezes ao ano. Ela tinha se acostumado ao clima inglês, e eu, às bombas.
ETGAR KERET (1967-), escritor israelense

" Nulidade

As pessoas estão ficando célebres antes de serem conhecidas.
ALEXANDRE VIALATTE (1901-1971), escritor francês

Celebridade é aquela pessoa conhecida por ser muito conhecida.
DANIEL BOORSTIN (1914-2004), historiador americano

A soma de um milhão de zeros não chega a gerar um.
CARL G. JUNG (1875-1961), psiquiatra suíço, pioneiro da psicanálise

" Objetividade

A determinação para o sucesso é a única forma de ser bem-sucedido que eu conheço. **WILLIAM FEATHER** (1889-1981), escritor americano

Na guerra, não há substituto para a vitória.
GENERAL DOUGLAS MACARTHUR (1880-1964), militar americano

Nada faz mais sucesso do que o sucesso. Naquele momento [de definição da candidatura presidencial], Tancredo era o sucesso.
RONALDO COSTA COUTO (1942-), jornalista, assessor de Tancredo Neves

Por mais bonita que seja a estratégia, você deve vez por outra analisar os resultados. **WINSTON CHURCHILL** (1874-1965), ex-primeiro-ministro britânico

Um grande erro é julgar políticas e programas pelas suas intenções, e não por seus resultados. **MILTON FRIEDMAN** (1912-2006), economista

" Orçamento

Pior que o fim do mundo/ Para mim é o fim do mês.
ZECA BALEIRO (1966-), compositor e cantor

Quando banqueiros jantam juntos, falam de arte. Quando artistas jantam juntos, falam de dinheiro. **OSCAR WILDE** (1854-1900), escritor irlandês

Deu para um grupo, vai faltar para outros. **ANA PAULA VESCOVI** (1969-), ex-secretária do Tesouro Nacional, ao explicar o teto de gastos

Queremos comer filé mignon, mas não queremos que o boi morra.
PAULO TAFNER (1958-), economista

Parte do dinheiro do orçamento federal sai pelo ladrão porque,
no Legislativo, os ladrões entram no orçamento.
JOSIAS DE SOUZA (1962-), jornalista

Parte do Congresso [...] [acredita] que é no orçamento que
se criam os recursos, enquanto os "caretas" sabem [...]
que são os recursos que limitam o orçamento.
ANTONIO DELFIM NETTO (1928-), ex-ministro da Fazenda

O orçamento do Tarcísio [de Freitas] são 8 bilhões de reais. Não é nada
para o tamanho do Brasil. E nós temos o "tal do teto [de gastos]".
No passado, não tinha teto. Então, você podia gastar à vontade.
Contratar, se endividar. Fazia o que bem entendesse. Aí veio o "tal do
teto", tem o lado bom e o lado ruim, toda moeda tem duas faces.
JAIR BOLSONARO (1955-), presidente da República

P

" Paciência

Espionar é esperar.
JOHN LE CARRÉ, pseudônimo de David John Moore (1931-2020), escritor britânico

O desespero costuma ganhar batalhas.
VOLTAIRE (1694-1778), filósofo francês

" Palácio

As crianças não irão sem mim. Eu não irei sem o rei. E o rei nunca irá.
RAINHA ELIZABETH (1900-2002), diante da sugestão de ir para a casa de campo por causa dos bombardeios ao Palácio de Buckingham

Essa minha família não me obedece, é muito desorganizada.
RAINHA ELIZABETH II (1926-), num banquete na Inglaterra, em diálogo com Fernando Henrique Cardoso, relatado em *Diários da Presidência*, volume 2

O Palácio [do Planalto] tem um charme danado.
RODRIGO MAIA (1970-), deputado federal

Se um presidente da República tem um Rasputin, as pessoas vão pensar que o Rasputin é o chefe. Se tem vários, elas vão notar que o chefe é o presidente. **JULIO BÁRBARO** (1942-), ex-deputado argentino

" Pandemia

Está tudo sob controle. Só não sabemos de quem.
HAMILTON MOURÃO (1953-), vice-presidente da República, durante a pandemia de Covid-19, em 2020

O coronavírus está firmemente sob controle nos Estados Unidos, […] e o mercado de ações começa a ficar muito bom para mim.
DONALD TRUMP (1946-), ex-presidente dos Estados Unidos, em fevereiro de 2020

Infelizmente, imperou quem quer o mal no Brasil. **LUDHMILA HAJJAR** (1977-), cardiologista, explicando por que não aceitou assumir o Ministério da Saúde no auge da pandemia de Covid-19, após sofrer diversos atos de intimidação

Eu quero que [a história] me defina como o homem que acabou com a pandemia da Covid-19.
MARCELO QUEIROGA (1965-), ministro da Saúde, em 2022

Mandei fazer o decreto [para abrir o comércio]. Morra quem morrer.
FERNANDO GOMES (1939-), então prefeito de Itabuna (BA), durante a pandemia de Covid-19, em 2020

Quando os crimes se empilham, eles se tornam invisíveis.
BERTOLT BRECHT (1898-1956), dramaturgo alemão

" Paranoia

Não é porque você é paranoico que não tem gente te perseguindo.
JOSEPH HELLER (1923-1999), escritor americano

Só os paranoicos sobrevivem.
ANDREWS GROVE (1936-2016), engenheiro americano

" Partido

O grau de responsabilidade das propostas de um partido político é diretamente proporcional às suas chances de ocupar o poder.
RAÚL BAGLINI (1949-2021), político argentino

In America, you can always find a party. In Russia, the party always find you. (Na América, você sempre encontra uma festa. Na Rússia, o partido sempre encontra você.) **YAKOV SMIRNOFF** (1951-), humorista russo

" Patriotismo

Amo muito meu país para ser nacionalista.
ALBERT CAMUS (1913-1960), escritor franco-argelino

Nosso nacionalismo prefere ser roubado por patrícios a fazer boas parcerias internacionais ou pagar estrangeiros por bons serviços.
NELSON MOTTA (1944-), jornalista, em 2015, acerca do escândalo da Petrobras

O nacionalismo [se cura] viajando.
PÍO BAROJA (1872-1956), escritor espanhol

O nacionalismo não faz sentido em parte alguma. Mas, na Itália, [...] Inglaterra ou Alemanha, há uma tradição... Aqui, onde os países acabaram de comemorar seu 150º aniversário, não há tradição que possa nos amparar. **JORGE LUIS BORGES** (1899-1986), escritor argentino

O patriotismo é o lixo combustível pronto para ser posto sob a tocha de qualquer ambicioso que queira iluminar seu nome.
AMBROSE BIERCE (1842-1913), escritor e jornalista americano

" Paulistanice

Não faço auê, não faço carnaval, não faço social com os fãs. Eu sou paulista. **ALESSANDRA NEGRINI** (1970-), atriz

Não fico enchendo linguiça para me manter na mídia.
MARISA MONTE (1967-), cantora carioca

Não sou pingente de cerimônias. **JARBAS VASCONCELOS** (1942-), político pernambucano, explicando seu desinteresse por eventos oficiais

" Peronismo

Agora, o peronismo chegou ao poder nos Estados Unidos.
JORGE LANATA (1960-), jornalista argentino, após a vitória de Donald Trump

Com o tempo, foi crescendo o desprezo pelos prosaicos escrúpulos do realismo. **JORGE LUIS BORGES** (1899-1986), escritor argentino, ao descrever o peronismo de 1945-55 e sua narrativa política para sustentar o apoio da população

Donald Trump é a coisa mais próxima de um populista latino-americano produzida nos Estados Unidos.
ADRIAN WOOLDRIDGE (1959-), jornalista americano

Se o senhor fosse argentino, seria peronista.
ALBERTO FERNÁNDEZ (1959-), presidente da Argentina, para Xi Jinping

Fala de autonomia do Judiciário o governo que mais pressão fez sobre os juízes, comprando, ameaçando, destruindo suas carreiras.
[...] As aulas de ética dadas por Al Capone não têm mais vagas.
JORGE LANATA (1960-), jornalista argentino

Estou vendo a série Vikings na Netflix, e isso me faz ter esperança. É interessante ver como aquelas pessoas violentas, sem princípios, que não respeitavam qualquer lei, geraram, mais de dez séculos depois, a sociedade sueca de hoje. O peronismo pode evoluir. Há que dar tempo a ele. **HORACIO ALONSO**, jornalista argentino

Foi o Pacto de Moncloa da Máfia.
JUAN JOSÉ CAMPANELLA (1959-), cineasta argentino, sobre um acordo partidário em seu país para limitar a ação da Justiça

O peronismo é tão indispensável na política argentina quanto Borges na literatura. **BEATRIZ SARLO** (1942-), escritora argentina

O peronismo é o conglomerado político mais complexo da história da humanidade. **MARCOS AZAMBUJA** (1935-), diplomata

O peronismo tem sérias dificuldades para viver fora do Estado.
CARLOS PAGNI (1961-), jornalista argentino

Quando um irlandês fala de "princípios", ele se torna um perigo para qualquer um. **FRANK O'CONNOR** (1903-1966), escritor irlandês

Trump é peronista. **GUILLERMO MORENO** (1955-), empresário e político argentino, artífice do intervencionismo estatal de Cristina Kirchner, elogiando o protecionismo de Donald Trump após a posse, em 2017

" Planejamento

Guerreiros vitoriosos vencem antes de ir à guerra.
SUN TZU (544 a.C.-496 a.C.), estrategista militar chinês

Se eu não peço o fuzilamento de FHC, você jamais estaria me entrevistando aqui agora.
JAIR BOLSONARO (1955-), presidente da República, ao ser entrevistado por Jô Soares, em 2005

" Planície

Em política, ser ignorado é muito pior do que ser tratado como adversário.
JORGE BASTOS MORENO (1954-2017), jornalista brasileiro

Eu aprendi na Casa Branca que você nunca parece tão inteligente quanto o ex-presidente que assiste ao jogo fora do campo.
BARACK OBAMA (1961-), ex-presidente dos Estados Unidos

Jimmy Carter foi um dos piores presidentes e um dos melhores ex-presidentes dos Estados Unidos.
MARCOS AZAMBUJA (1935-), diplomata brasileiro

Ex-presidente em geral é mais simpático do que presidente. Tem menos tensão. **FERNANDO HENRIQUE CARDOSO** (1931-), ex-presidente da República

O poder desgasta, principalmente a quem não o possui.
CARLOS MENEM (1930- 2021), ex-presidente da Argentina

Talvez nosso lugar seja a planície. **MIGUEL ÁNGEL PICHETTO** (1950-), político argentino, em 2017, reconhecendo o fracasso do seu partido

Pobrismo

A pobreza na América Latina é um recurso renovável.
HÉCTOR RUBINI (1966-), economista argentino

Fico irritado quando um pobre vota no Macri.
LUIS D'ELÍA (1957-), líder sindical argentino

A realidade argentina é fruto da Santa Aliança dos "pobristas" eclesiásticos, dos progressistas corruptos e dos "setentistas" alucinados.
JORGE FERNÁNDEZ DÍAZ (1960-), jornalista argentino

A sociedade brasileira se preocupa demais em expandir o seu pedaço de bolo e de menos em aumentá-lo.
ARMANDO CASTELAR PINHEIRO (1955-), economista

Buenos Aires é uma cidade que nos faz sentir culpados pela sua opulência.
ALBERTO FERNÁNDEZ (1959-), presidente da Argentina

Não se pode pretender que as dívidas contraídas sejam pagas com sacrifícios insuportáveis.
PAPA FRANCISCO, Jorge Mario Bergoglio (1936-), cidadão argentino

Poder

O poder é uma doença incurável.
JUAN MANUEL URTUBEY (1969-), governador da província argentina de Salta

Quem manda neste país é um prédio na rua Primeiro de Março em cuja porta está escrito: Banco do Brasil. O resto é paisagem.
NAPOLEÃO DE ALENCASTRO GUIMARÃES (1899-1964), senador brasileiro, na década de 1950

Renan não muda de lado. É o lado que muda.
MARIA CRISTINA FERNANDES, jornalista, acerca da capacidade de Renan Calheiros de estar sempre próximo do poder

Ter impunidade. **ALFREDO YABRÁN** (1944-1998), empresário argentino, em resposta à pergunta "O que é ter poder?", na época em que era apontado como um dos homens mais poderosos do país

" Poesia

Música é o silêncio em movimento.
FERNANDO SABINO (1923-2004), escritor

O cofre do banco contém apenas dinheiro. Frustra-se quem pensar que lá encontrará riqueza. **CARLOS DRUMMOND DE ANDRADE** (1902-1987), poeta

O esquecimento está cheio de memória.
MARIO BENEDETTI (1920-2009), escritor uruguaio

" Polarização

A razão é e deve ser apenas escrava das paixões.
DAVID HUME (1711-1776), filósofo britânico

As controvérsias mais selvagens são aquelas para as quais nenhum dos lados tem bons argumentos. **BERTRAND RUSSELL** (1872-1970), filósofo galês

Graças ao peronismo, a Argentina virou um país de rancorosos.
JORGE LUIS BORGES (1899-1986), escritor argentino

O exílio de Borges do Centro Cultural Kirchner [é] a apoteose da ignorância. **MIGUEL WIÑAZKI** (1956-), jornalista argentino

Muitas das grandes desgraças que o homem causou à humanidade chegaram por meio de gente que tinha certeza acerca de coisas que, na prática, eram erradas. **BERTRAND RUSSELL** (1872-1970), filósofo galês

Na política, a fé prevalece sobre a constatação.
JAIME DURÁN BARBA, (1947-), "marqueteiro" político equatoriano atuante na Argentina

Na política, atualmente é necessário encontrar um acordo até sobre a maneira de discordar. **DOMINIQUE REYNIÉ** (1960-), cientista político francês

O futebol internacional é a continuação da guerra por outros meios.
GEORGE ORWELL (1903-1950), escritor inglês

Tenho uma grande constipação/ E toda gente sabe como as grandes constipações/ Alteram todo o sistema do universo.
ÁLVARO DE CAMPOS, heterônimo de Fernando Pessoa (1888-1935), escritor português

Os espanhóis são pessoas escassamente dispostas a voltar atrás nos seus argumentos. **JOSÉ JUAN TOHARIA** (1942-), sociólogo espanhol

Os reacionários de nossa época descobriram que a nostalgia pode ser uma forte motivação política.
MARK LILLA (1956-), cientista político americano

Se Deus não existe, tudo é permitido.
FIÓDOR DOSTOIÉVSKI (1821-1881), escritor russo

Todo anticomunista é um cachorro.
JEAN-PAUL SARTRE (1905-1980), filósofo francês

O relativismo moral e intelectual é a mais perigosa doença filosófica de nosso tempo. **KARL POPPER** (1902-1994), filósofo austro-britânico

" Política

Minha leitura preferida são as obras completas de Sócrates.
CARLOS MENEM (1930-2021), ex-presidente da Argentina, sobre o filósofo grego que não deixou nenhuma obra escrita

Não se pode considerar todos os políticos corruptos. [...] Só os que roubam. **JOSIAS DE SOUZA** (1962-), jornalista

O mundo é governado pelos demônios, e quem ingressa na política [...] sela um pacto com o diabo, de modo que deixa de ser verdade que, na sua atividade, o bom gere apenas o bem, e o mau, o mal. Frequentemente ocorre o oposto. Quem não enxerga isso é uma criança, em termos políticos. **MAX WEBER** (1864-1920), sociólogo alemão

Se você não aguenta o calor, é melhor ficar longe da cozinha.
HARRY TRUMAN (1884-1972), ex-presidente dos Estados Unidos, acerca das responsabilidades e pressões no exercício da Presidência da República

Política econômica

Paulo Guedes opera como uma espécie de *cheerleader* [do governo].
AFONSO CELSO PASTORE (1939-), economista

Governo não faz PIB. Faz ambiente de negócios.
PAULO HARTUNG (1957-), político

Eu salvo a República de duas a três vezes por semana.
PAULO GUEDES (1949-), ministro de Economia

O Brasil está se dissolvendo devagarzinho. **IDEM**

É preciso cuidar da mesa dos argentinos.
GUILLERMO MORENO (1955-), ex-secretário de Comércio da Argentina, justificando o controle do preço dos alimentos

Politicamente incorreto

Era homem puro quando casei. [...] Acho que a mulher tem que ser virgem, pura. [Já o homem] muitas vezes quer aprender como fazer direito [...] com quem estiver disposta a ser professora.
SEVERINO CAVALCANTI (1930-2020), ex-deputado federal

Há setores que você pode até entregar para as freiras carmelitas descalças, mas na segunda reunião elas chegam com bolsas Vuitton.
PAULO RENATO SOUZA (1945-2011), político brasileiro, sobre a "confusão" entre entidades assistencialistas e interesses privados

Sofrer maus-tratos não é um mérito.
BERNARD SHAW (1856-1950), dramaturgo irlandês, a uma delegação irlandesa que foi relatar o quanto seus integrantes haviam sofrido

" Ponto de vista

A mulher mais bonita do mundo é a que se deseja.
IVO PITANGUY (1926-2016), cirurgião plástico e escritor

Cada qual considera claras as ideias que estão no mesmo grau de confusão que as suas. **MARCEL PROUST** (1871-1922), escritor francês

A velhice (este é o nome que lhe dão)/ pode ser o tempo de nossa felicidade./ O animal está morto ou quase morto./
Restam o homem e sua alma.
JORGE LUIS BORGES (1899-1986), escritor argentino

A vida é uma tragédia quando vista de perto e uma comédia quando vista de longe. **CHARLES CHAPLIN** (1889-1977), cineasta e ator

Agora eu vou fazer novos amigos todo dia. **RONALD REAGAN** (1911-2004), ao ser diagnosticado com os primeiros sintomas de Alzheimer

Coitado do Kirk Douglas. Tão novo. **KEITH RICHARDS** (1943-), compositor e guitarrista inglês, dos Rolling Stones, por ocasião da morte do ator aos 103 anos

Há três tipos de poder: o que você acha que tem, o que os outros acham que você tem e o que você realmente tem.
GOLBERY DO COUTO E SILVA (1911-1987), militar e político, em frase a ele atribuída

Não sei definir o que é pornografia, mas reconheço-a quando a vejo.
POTTER STEWART (1915-1985), ex-juiz da Suprema Corte dos Estados Unidos

Queimar urnas não representa fraude.
ALEJANDRO TULLIO (1963-), jurista, diretor Nacional Eleitoral da Argentina, acerca da queima de urnas nas eleições para governador na província de Tucumán, em 2015

Senso de humor é o sentimento que faz você rir daquilo que o deixaria louco de raiva se acontecesse com você. **BARÃO DE ITARARÉ**, pseudônimo de Aparício Torelly (1895-1971), jornalista e humorista

Todo político importante pensa que tem mais poder do que realmente tem. **JUAN LABAKÉ**, advogado argentino

Uma ilusão a menos é uma verdade a mais.
ALEXANDRE DUMAS (1802-1870), escritor francês

" Popularidade

A imagem e os votos nem sempre caminham juntos.
MIGUEL ÁNGEL PICHETTO (1950-), político argentino

Em economia, a maioria sempre está errada.
JOHN K. GALBRAITH (1908-2006), economista americano

Em política, o estado de graça tem data de validade.
JULIO BLANCK (1954-2018), jornalista argentino

Likes no Facebook não pagam o aluguel.
CORA RÓNAI (1953-), jornalista

Ministro da Fazenda só é popular se estiver fazendo algo errado.
MÁRIO HENRIQUE SIMONSEN (1935-1997), ex-ministro da Fazenda

Quem leva a sério pesquisa de opinião deve tomar muito cuidado. Aprovação em geral significa que a pessoa está errada.
ANTONIO DELFIM NETTO (1928-), ex-ministro da Fazenda

O que eu penso da Mafalda não tem a menor importância.
O que importa é o que ela pensa de mim.
JULIO CORTÁZAR (1914-1984), escritor argentino

Os conservadores foram liderados muito tempo por pessoas tristes.
CHARLES MOORE (1956-), jornalista inglês, explicando a popularidade de Boris Johnson, visto como político excêntrico

Você deve ser muito famoso, porque veio muita gente importante aqui, mas é a primeira vez que minha empregada pede para eu lhe arrumar um autógrafo. **JORGE LUIS BORGES** (1899-1996), escritor argentino, em diálogo com César Luis Menotti, em 1978, logo depois de este conquistar a Copa do Mundo de futebol como técnico da Argentina

" Populismo

O populismo nos dá o presente de graça, mas nos hipoteca o futuro.
MAURICIO MACRI (1959-), ex-presidente da Argentina

Um demagogo é um sujeito que prega doutrinas que sabe que são falsas para pessoas que ele sabe que são idiotas.
H. L. MENCKEN (1880-1956), jornalista americano

Os psicopatas estão sempre entre nós. Em tempos tranquilos, nós os examinamos. Em tempos difíceis, eles governam.
ERNST KRETSCHEMER (1888-1964), psiquiatra alemão

É como [...] ver duzentas vezes o filme *Casablanca*, esperando que o final seja diferente. **ROBERTO CACHANOSKY** (1955-), economista argentino, opinando sobre as medidas do governo peronista relacionadas ao controle de preços e emissão monetária, como se elas não fossem causar aumento da inflação

Nenhum país que respeita seu povo exporta aquilo que falta na mesa do povo para comer.
LUIZ INÁCIO LULA DA SILVA (1945-), ex-presidente da República, em campanha, em 2001

A atividade econômica se mexe com a demanda. E a demanda tem que ser ativada com salários, aposentadorias e preços acessíveis dos alimentos.
CRISTINA KIRCHNER (1953-), ex-presidente da Argentina

Nunca fiz manipulação de preços. Só de oferta.
ANTONIO DELFIM NETTO (1928-), ex-ministro da Fazenda, defendendo-se diante das acusações de que, em 1973, teria manipulado os índices de inflação aumentando a oferta de determinados produtos nos locais da coleta de preços

O kirchnerismo é uma forma de stalinismo brando.
FERNANDO IGLESIAS (1957-), deputado argentino

O mercado precisa entender que quem regula a economia é o governo.
MÁXIMO KIRCHNER (1977-), deputado argentino, diante da pressão de alta do dólar no mercado paralelo, em 2020

Se você for enfrentar populismo de direita com populismo de esquerda, o populismo de direita vencerá.
TONY BLAIR (1953-), ex-primeiro-ministro britânico

" Populismo pragmático

Aos sindicatos é preciso dar tudo, menos dinheiro.
JUAN DOMINGO PERÓN (1895-1974), ex-presidente da Argentina

Cristina Kirchner [...] retorna ao nacionalismo hipnótico.
JORGE FERNÁNDEZ DÍAZ (1960-), jornalista argentino

Há 562 argentinos que freiam o progresso. Se fosse possível colocar todos eles em um foguete e despachar o foguete para a Lua, o país seria outro.
MAURICIO MACRI (1959-), ex-presidente da Argentina

Macri é um neopopulista da felicidade.
BEATRIZ SARLO (1942-), escritora argentina

O peronismo foi tudo. Foi conservador com Luder em 1983, neoliberal com Menem em 1989, conservador populista com Duhalde em 2001, progressista com Kirchner em 2003 e apenas patético com
Cristina depois de 2007.
ALBERTO FERNÁNDEZ (1959-), presidente da Argentina, aliado, inimigo e depois novamente aliado do kirchnerismo, no período em que o criticava, após ter saído da chefia de gabinete brigado com Cristina Kirchner

Para o kirchnerismo, o mérito é reacionário, e o roubo, revolucionário.
MIGUEL WIÑAZKI (1956-), jornalista argentino

Sou um liberal que manda fuzilar.
MANUEL FRAGA (1922-2012), político franquista definindo-se para Santiago Carrillo, líder comunista, na transição política espanhola, num esforço de franqueza, a fim de criar confiança para as negociações que culminaram no Pacto de Moncloa

" Pós-verdade

A verdade não conta na Argentina. **FRANCISCO OLIVERA** (1974-), jornalista argentino, sobre as disputas de narrativa nas campanhas eleitorais

As opiniões estão substituindo os fatos.
KATHARINE VINER (1971-), jornalista

Cada um tem direito às suas próprias opiniões, mas não aos seus próprios fatos.
DANIEL PATRICK MOYNIHAN (1927-2003), político americano

Debater um absurdo significa dar a ele um ar de legitimidade.
RAYMOND ARON (1905-1983), filósofo francês

Quando membros do IPCC [Intergovernmental Panel on Climate Change] debatem com negacionistas do clima, quando astrofísicos debatem com terraplanistas, quando vacinologistas debatem com os antivacinação, ou, mais recentemente, quando cientistas sérios debatem com promotores de curas milagrosas para a Covid-19, [...] cria-se uma ilusão de que a comunidade científica está "indecisa" e de que existem "dois lados" equivalentes. **NATALIA PASTERNAK** (1976-), bióloga

Nós sabemos que eles estão mentindo. Eles sabem que estão mentindo.
Eles sabem que nós sabemos que eles estão mentindo.
Nós sabemos que eles sabem que nós sabemos que eles estão mentindo.
E ainda assim eles continuam a mentir.
ELENA GORÓKOHVA (1933-2014), pintora russa

Vossa Excelência normalmente não trabalha com a verdade.
LUÍS ROBERTO BARROSO (1958-), ministro do Supremo Tribunal Federal, em debate com seu colega Gilmar Mendes

Os livros sagrados não precisam de provas palpáveis, mas sim de uma mitologia à qual aderir, uma retórica para ter razão, um catecismo para se defender diante das dúvidas e um serviço de consolo existencial.
JORGE FERNÁNDEZ DÍAZ (1960-), jornalista argentino

" Poupança

[Os de esquerda] acham que tudo é possível. Não entendem que a economia vive de ciclos. Quando o ciclo é positivo, é hora de poupar. A esquerda aproveita esses momentos para gastar mais. Quando vem o período de vacas magras, não só não guardou nada como empenhou o que poderia ter no futuro. Isso é clássico.
LUIZ CARLOS MENDONÇA DE BARROS (1943-), economista

Sei de ex-ocupantes de cargos públicos de antigos governos argentinos que, para se proteger, poupavam em relógios. Um deles eu sei que tinha uma fortuna de 35 relógios, desses caríssimos.
HUGO ALCONADA MON (1974-), jornalista argentino

Envelhecer é uma certeza. Envelhecer com qualidade é uma escolha. E para isso você tem que começar a se preparar antes.
ABILIO DINIZ (1936-), empresário brasileiro

" Pragmatismo

A Argentina é guiada pelo Partido da Governabilidade.
IGNACIO ZULETA (1949-), jornalista argentino, em alusão à aliança de Mauricio Macri com os governadores peronistas

Cristina pode ser iconoclasta e niilista. Macri não pode se dar a esse luxo, típico de políticos desocupados.
JOAQUÍN MORALES SOLÁ (1950-), jornalista argentino

A Inglaterra não tem amigos eternos nem inimigos permanentes, mas apenas interesses eternos e permanentes.
LORD PALMERSTON (1784-1865), estadista inglês da época vitoriana

Não me importo com o que falam meus ministros, desde que façam o que eu peço. **MARGARET THATCHER** (1925-2013), ex-primeira-ministra britânica

Não pedi seu apoio. Pedi apenas que você não faça campanha contra.
MARTIN LUTHER KING (1929-1968), pastor batista e ativista político americano, a um de seus companheiros na luta pelos direitos dos negros, explicando seu apoio a algumas medidas da reforma parcial da legislação defendida pelo então presidente Lyndon Johnson

O que funciona está certo. **NORBERTO ODEBRECHT** (1920-2014), empresário

Porque é a França. **JEAN-CLAUDE JUNCKER** (1954-), comissário europeu, em resposta à pergunta de como a França conseguira evitar uma sanção por descumprimento de metas fiscais estabelecidas pela Comissão Europeia

Retórica explosiva garante manchetes, mas não necessariamente resolve problemas. **GEORGE H. W. BUSH** (1924-2018), ex-presidente dos Estados Unidos

" Preguiça

O que coloca a sociedade em perigo não é a corrupção de alguns, mas o relaxamento de todos.
ALEXIS DE TOCQUEVILLE (1805-1859), pensador político francês

Tinha o coração disposto a aceitar tudo, não por inclinação à harmonia, senão por tédio à controvérsia.
MACHADO DE ASSIS (1839-1908), escritor, em frase atribuída ao Conselheiro Acácio

A visão consensual serve para nos proteger do doloroso trabalho de pensar. **JOHN K. GALBRAITH** (1908-2006), economista americano

" Prerrogativa

Não há um único político corrupto no mundo que deixe de citar o argumento da perseguição política quando sente que a Justiça se aproxima.
JOAQUÍN MORALES SOLÁ (1950-), jornalista argentino

Se o crime já aconteceu, de que adianta punir, e que se puna, mas que não se ache que a punição vai combater a corrupção.
ANTONIO CLÁUDIO MARIZ DE OLIVEIRA, advogado criminalista, em evento homenageando Lula, em dezembro de 2021

" Presidencialismo de coalizão

Na política, não pode valer a ética da convicção e deve valer a ética da responsabilidade. Isso está em Max Weber.
FERNANDO HENRIQUE CARDOSO (1931-), ex-presidente da República

Nunca se deve subestimar a habilidade dos políticos de fazer as coisas erradas. **BARRY EICHENGREEN** (1952-), economista americano

O presidencialismo é o regime da irresponsabilidade a prazo fixo. O parlamentarismo é o regime da responsabilidade com prazo indeterminado. **ULYSSES GUIMARÃES** (1916-1992), político

O presidencialismo não funciona sem presidente.
ANTONIO DELFIM NETTO (1928-), ex-ministro da Fazenda

O peronismo está convencido de que, como oposição, tem direito a indicar três representantes na diretoria do Banco Central.
MIGUEL ÁNGEL PICHETTO (1950-), então líder do peronismo no Senado argentino, em 2017

" Prioridades

Da aula eu abro mão/ Eu quero é salário, moradia e bandejão.
GRITO DE GUERRA dos estudantes em frente à reitoria da UFRJ, em paralisação contra falta de verbas

Homem gordo não faz revolução. O abdome é naturalmente amigo da ordem; o estômago pode destruir um império; mas há de ser antes do jantar.
MACHADO DE ASSIS (1839-1908), escritor

Thatcher conseguiu enfrentar os sindicatos, o Foreign Office e o establishment da City porque encarou um de cada vez. Se tivesse desafiado todos de uma vez, provavelmente teria fracassado.
HAROLD JAMES (1956-), historiador inglês

66 Produtividade

Parte considerável dos brasileiros não está preparada para fazer quase nada. **JAIR BOLSONARO** (1955-), presidente da República

Queremos contratar duzentas pessoas, mas não conseguimos, [...] porque [...] os candidatos não sabem ler um jornal.
DANIEL HERRERO (1959-), presidente da Toyota na Argentina, em 2021

Se o objetivo é gerar empregos, eles deveriam usar colheres.
MILTON FRIEDMAN (1912-2006), economista, diante da resposta de um funcionário do governo da China, nos anos 1960, quando, ao comentar que o trabalho feito por cem homens numa hidrelétrica poderia ser realizado por uma máquina, ouviu que nesse caso o desemprego aumentaria muito

66 Profecia

A carreira de Hitler acabou. **EUGENIO PACELLI** (1876-1958), então núncio apostólico na Alemanha, após o fracasso de uma milícia nazista que tentou um golpe de Estado, anos antes da ascensão do nazismo ao poder. Anos depois, já como papa Pio XII, perguntado como conciliava esse erro de previsão com o dogma da infalibilidade papal, ele respondeu: "Na época, eu não era papa"

A conversibilidade do peso em relação ao dólar durará séculos.
CARLOS MENEM (1930-2021), ex-presidente da Argentina

A França entedia-se. [...] Deve-se lamentar a ausência de greves, guerras e crimes? [...] Arrisca-se recair numa atmosfera esterilizante. [...] Os países também podem morrer de tédio.
PIERRE VIANSSON-PONTÉ (1920-1979), jornalista, em texto escrito dois meses antes das Revoltas de Maio de 1968 em Nanterre

A Lava Jato é a Diretas Já do novo Brasil.
ANDRÉ FONTES (1961-), desembargador, presidente do TRF-2,
que cuidou dos processos da Lava Jato no Rio de Janeiro

Chegando lá, isso acaba. **D. PEDRO II** (1825-1891), então imperador do Brasil,
em 16 de novembro de 1889, em frase que teria dito à imperatriz Teresa Cristina,
em Petrópolis

Estou mais preocupado com a dengue que com o coronavírus.
GINÉS GONZÁLEZ GARCÍA (1945-), ministro de Saúde da Argentina,
em fevereiro de 2020

Com 5 bilhões de reais a gente aniquila o coronavírus.
PAULO GUEDES (1949-), ministro de Economia, no começo da pandemia, em 2020

Eu prevejo que a internet [...] vai crescer como uma supernova e sofrer um
colapso em 1996. **ROBERT METCALFE** (1946-), engenheiro americano,
fundador da 3Com, referência em inovação tecnológica, em 1995

Fiquem tranquilos. Esse risco não existe. Não temos nada a temer.
MARCELO ODEBRECHT (1968-), ex-presidente do Grupo Odebrecht, ao ser interpelado
por sócios minoritários acerca da possibilidade de a Lava Jato atingir o grupo
Odebrecht, em 2015, pouco antes de ser preso

Não há nenhuma razão para alguém querer ter um computador em casa.
KEN OLSEN (1926-2011), engenheiro, fundador da Digital Equipment, em 1977

Nos últimos dias, nota-se na burguesia um grande nervosismo.
Como se o Brasil estivesse à beira de uma grande crise. Não faz sentido.
LUIZ CARLOS BRESSER-PEREIRA (1934-), economista, em fevereiro de 2014, no Twitter,
pouco antes de o Brasil ingressar numa das maiores crises de sua história

O sr. Getúlio Vargas está morto e enterrado em política.
JOSÉ EDUARDO DE MACEDO SOARES (1882-1967), jornalista, diretor do *Diario Carioca*,
em 1945

Quem vai pagar quinhentos dólares por um telefone?
STEVE BALLMER (1956-), então CEO da Microsoft, quando foi lançado o iPhone

Todas as previsões são erradas. Nunca é possível acertar com precisão absoluta. Se eu pudesse prever com certeza para onde vai a economia mundial, não estaria trabalhando a maior parte do tempo como professor. Teria feito fortuna e estaria num lugar mais confortável.
CHARLES GOODHART (1936-), economista inglês

66 Profissionalismo

O jogo agora é para profissionais.
TANCREDO NEVES (1910-1985), político, em 1984, ao vislumbrar a possibilidade de ser escolhido para a Presidência da República

O pior deve ser feito com os melhores.
ISSER HAREL (1912-2003), espião, fundador do Mossad israelense

66 Progresso

Uma grande democracia deve ser progressista ou deixará de ser grande, ou de ser democracia.
FRANKLIN D. ROOSEVELT (1882-1945), ex-presidente dos Estados Unidos

A melhor maneira de ter uma boa ideia é ter muitas ideias e depois jogar fora as ruins. **LINUS PAULING** (1901-1994), químico

A inércia organizacional é o principal inimigo das inovações.
RODRIGO ZEIDAN (1975-), economista

Alguns ficam ricos estudando inteligência artificial. Eu faço dinheiro estudando a burrice humana. **CARL ICAHN** (1936-), milionário conhecido pelas suas decisões pouco convencionais como investidor financeiro

As massas humanas mais perigosas são aquelas por cujas veias circula o veneno do medo à mudança. **OCTAVIO PAZ** (1914-1998), escritor mexicano

Nada mais remoto que o passado recente.
NELSON RODRIGUES (1912-1980), jornalista e dramaturgo

Muitas empresas estão morrendo, não porque fazem as coisas erradas, mas porque continuam fazendo as coisas que eram certas por um tempo longo demais. **YVES DOZ** (1947-), professor francês de gestão estratégica

O progresso sempre faz vítimas.
LUIGI ZINGALES (1963-), economista italiano

O significado do depoimento de Mark Zuckerberg ao Congresso dos Estados Unidos foi: ali estava o século XXI prestando contas ao século XX.
CORA RÓNAI (1953-), jornalista

Quem causa a destruição de empregos não é a China, e sim o Vale do Silício. **MAURICIO MACRI** (1959-), ex-presidente da Argentina

Queríamos carros voadores e nos deram 140 caracteres.
PETER THIEL (1967-), investidor americano, relativizando os ganhos de produtividade das novas tecnologias ao se referir ao limite de caracteres para os textos do Twitter

Retornar ao voto impresso [...] é como comprar um videocassete.
LUÍS ROBERTO BARROSO (1958-), ministro do Supremo Tribunal Federal

66 Projeto político

De que serve a inteligência, senão para servir?
MURIEL BARBERY (1969-), escritora francesa

É impossível derrotar uma viúva.
JAIME DURÁN BARBA (1947-), marqueteiro político equatoriano atuante na Argentina, em 2011, para convencer Mauricio Macri a não concorrer às eleições contra Cristina Kirchner, que pouco antes perdera o marido, Néstor

Os ensinamentos recebidos pelo ex-presidente Luiz Inácio Lula da Silva sobre como chegar ao poder: muito dinheiro, um partido robusto ou um grupo de comunicação forte. Com qualquer um dos três, o candidato se torna competitivo. Com dois, ganha a eleição.
De posse dos três, liquida qualquer opositor.
MARIA CRISTINA FERNANDES, jornalista

Eu fiz seis campanhas e ganhei as seis. Pode ser que, se não fizesse caixa dois, não tivesse ganhado nenhuma. Mas talvez eu tivesse sido uma pessoa melhor. **ANTONIO PALOCCI** (1960-), ex-ministro da Fazenda e da Casa Civil, no documentário Libelu: Abaixo a ditadura, de 2020

" Protecionismo

Os argumentos em favor da indústria nascente não se aplicam ao Brasil porque nossa indústria é morrente. **NEOLIBERAL ANÔNIMO**

Política industrial é uma coisa que foi inventada para tirar dinheiro dos pobres que vivem nas regiões ricas e transferir para os ricos que vivem nas regiões pobres. **SAMUEL PESSÔA** (1963-), economista

A indústria brasileira precisa ir para a esteira, em vez de engordar vendo Netflix. **PAULO GUEDES** (1949-), ministro da Economia

Vocês querem proteção, não fazer um país melhor.
MAURICIO MACRI (1959-), ex-presidente da Argentina,
a um empresário kirchnerista, em 2015

A cúpula política argentina não tem DNA produtivo.
EDUARDO DUHALDE (1941-), ex-presidente da Argentina

" Protelação

Governar é protelar. **FRANCISCO OLIVERA** (1974-), jornalista argentino, definindo a atitude de muitos governantes em seu país

Não decidir é um tipo de decisão do Parlamento.
Adia o problema até criar as condições para formar a maioria.
NELSON JOBIM (1946-), ex-ministro do Supremo Tribunal Federal

O momento não é propício para discutir matéria ácida.
JOVAIR ARANTES (1951-), deputado federal, rejeitando o exame de propostas controversas de reforma por parte do Congresso

Você não consegue escapar da responsabilidade de amanhã esquivando-se dela hoje. **ABRAHAM LINCOLN** (1809-1865), ex-presidente dos Estados Unidos

" Pureza, falsa

Uma pinta passa inadvertida num leopardo, mas é notada imediatamente numa ovelha. **JORGE LANATA** (1960-), jornalista argentino, sobre governos pretensamente impolutos

Moro tem que saber que se alguém brigou no país contra a corrupção foi o PT. **LUIZ INÁCIO LULA DA SILVA** (1945-), ex-presidente da República, em discurso no Rio de Janeiro, em dezembro de 2017

" Pusilanimidade

Ele tem menos espinha dorsal do que uma bomba de chocolate. **THEODORE ROOSEVELT** (1858-1919), ex-presidente dos Estados Unidos, sobre o ex-presidente William McKinley

Há gente que é tímida para a coragem. **JUAN DOMINGO PERÓN** (1895-1974), ex-presidente da Argentina, sobre os políticos que falam grosso a posteriori

O PSDB não é um partido. É o vazio absoluto. **ALBERTO GOLDMAN** (1937-2019), ex-deputado do PSDB

O rebaixamento é a atitude mental costumeira na presença de riqueza e poder. **AMBROSE BIERCE** (1842-1913), escritor e jornalista americano

R

" Rabugice

Hoje não. Hoje quero ficar puto o dia inteiro.
MÁRIO COVAS (1930-2001), ex-governador de São Paulo, conhecido ranzinza, quando um assessor entrou na sua sala dizendo: "Governador, trago uma boa notícia"

O mundo é a expressão do mau humor de Deus.
FRANZ KAFKA (1883-1924), escritor tcheco

" Raízes italianas

Salvini cretino, Bolsonaro assassino.
MANIFESTANTES ITALIANOS diante da cerimônia de concessão do título de cidadão honorário de Anguillara Veneta a Jair Bolsonaro, cuja família tem origens na cidade

É justo que Bolsonaro receba o título. Ele é o presidente do Brasil, não se sabe se ele cometeu todos os crimes pelos quais é acusado, e, mesmo que fosse condenado, tem o direito de ser homenageado porque tem raiz veneta.
FRANCO BOLZONARO (1954-), parente do presidente, morador de Anguillara Veneta

Bolsonaro é um Mussolini macunaímico.
MARCO ANTONIO VILLA (1955-), historiador

A Itália quer ser tratada pelas grandes nações do mundo como irmã, e não como uma empregada.
BENITO MUSSOLINI (1883-1945), líder fascista italiano, em 1923

[Nós italianos] somos uma nação-carnaval. [...] Sempre pronta para festejar. [...] Aqui o verão chega cedo demais e dura o ano todo. Os

piores são os burgueses ricos. [...] Informam-se sobre a data da revolução para saber se podem confiar e ir mais uma vez passar o verão no campo.
ANTONIO SCURATI (1969-), escritor italiano

Se fizermos uma raspadinha num esquerdista argentino,
o mais provável é que apareça um fascista oculto.
JUAN JOSÉ SEBRELI (1930-), escritor argentino

" Realismo

Muitas vezes, é a falta de caráter que define uma partida.
Não se faz literatura, política e futebol com bons sentimentos.
NELSON RODRIGUES (1912-1980), jornalista e dramaturgo

Em nossa época, não existe isso de "ficar fora da política". Tudo é político e a política é um conjunto de mentiras, evasivas, loucura, ódio e esquizofrenia. **GEORGE ORWELL** (1903-1950), escritor inglês

Na política econômica, a agenda é imposta pela realidade.
JUAN CARLOS DE PABLO (1943-), economista argentino

O Brasil precisa derrubar o PT e, em seguida, a ideia que faz de si próprio. É a única chance de nos civilizarmos. **MÁRIO SABINO** (1962-), jornalista

O Brasil só vai sair do atoleiro quando aceitar que a realidade existe.
RICHARD MONEYGRAND, brasilianista americano, personagem inventado
por Roberto DaMatta

Se há mais de uma forma de fazer um trabalho, e uma delas redundará em desastre, então alguém fará o trabalho dessa forma.
CAPITÃO EDWARD MURPHY (1918-1990), da Força Aérea dos Estados Unidos, concluindo uma perícia técnica que deu origem à expressão Lei de Murphy

Tudo o que soa tentador, melhor esquecer. É proibido.
GREG CRAIG (1945-), advogado americano, conselheiro jurídico de Barack Obama

" Realismo fantástico

Os desmandos [do governo Daniel Ortega] têm um pé no delírio.
JAN MARTÍNEZ AHRENS (1966-), jornalista francês, ao comentar as eleições presidenciais em 2016

Há histórias tão verdadeiras que às vezes parece que são inventadas.
MANOEL DE BARROS (1916-2014), poeta

Não tente entender o México sob a ótica da razão.
ANDRÉ BRETON (1896-1966), escritor francês, em 1938

Se Fellini tivesse nascido na Argentina, seria documentarista.
BABY ETCHECOPAR (1953-), ator e apresentador argentino

É irreal pensar que o câmbio real entre o real e o dólar seja dado apenas por fatores reais. Os fatores irreais são dominantes.
NEOLIBERAL ANÔNIMO

" Recrutamento

Bons profissionais são muito mais valiosos que bons sistemas.
KEVIN DOWD (1958-), economista britânico

Tudo o que você precisa saber sobre o Prêmio Nobel de Economia é que Minsky, Kindleberger e Schumpeter não ganharam, e Paul Krugman, sim.
JOHN MAULDIN, economista americano

" Redes sociais

A internet não cria debate: ela cria trincheiras entre exércitos inimigos.
JOÃO PEREIRA COUTINHO (1976-), cientista político português

Eu sempre desconfiei que o mundo estava cheio de idiotas, e a internet veio provar que eu tinha razão.
CARLOS HEITOR CONY (1926-2018), escritor

As redes sociais [geram] radicalismos na sua maioria de uma total desimportância. **WASHINGTON OLIVETTO** (1951-), publicitário

Nenhum livro com menos de cinquenta anos deveria ser lido, porque o mais provável é que seja trivial.
ARTHUR SCHOPENHAUER (1788-1860), filósofo alemão

" Reforma administrativa

Governar é como dar ordens num cemitério: tem muita gente abaixo de você e ninguém ouve. **BILL CLINTON** (1946-), ex-presidente dos Estados Unidos, sobre a autonomia da burocracia

O mérito não nos faz evoluir.
ALBERTO FERNÁNDEZ (1959-), presidente da Argentina, em discurso contra a meritocracia

O curioso [naqueles que no serviço público se opõem à meritocracia] é que os que pensam assim não vivem dessa forma: eles procuram o melhor médico quando ficam doentes [...]. Não está errado que o façam. O problema é que eles pedem ao resto do mundo para fazer fila.
JORGE LANATA (1960-), jornalista argentino

Só existe uma coisa de que o senhor pode ter certeza: a qualquer hora de qualquer dia, alguém em algum lugar está fazendo tudo errado.
BOB GATES, funcionário da Casa Branca que trabalhou com oito presidentes, explicando a Barack Obama, em começo de gestão, como funciona o governo

O Brasil pertence aos funcionários públicos. Ponto final.
ANTONIO DELFIM NETTO (1928-), ex-ministro da Fazenda

" Reforma da Previdência

A reforma da aposentadoria é capaz de derrubar vários governos.
MICHEL ROCARD (1930-2016), ex-primeiro-ministro da França, em 1991

Não podemos querer salvar o país matando idoso.
JAIR BOLSONARO (1955-), presidente da República, sobre a reforma da Previdência

Nunca tire sarro de crianças que acreditam no coelhinho da Páscoa. Há adultos que acreditam que não existe déficit na Previdência.
GABRIEL TENOURY (1998-), economista

A passos silenciosos, a velhice avança na sua direção.
OVÍDIO (43 a.C.-17 d.C.), poeta romano

A velhice é a mais inesperada de todas as coisas que acontecem a um homem.
LIÉV TRÓTSKI (1879-1940), líder revolucionário russo

Eu fiquei velho há uma semana. A velhice é uma coisa que te acontece de surpresa. **ZIRALDO** (1932-), cartunista, aos 85 anos

Depois dos quarenta anos, a cara está na nuca, olhando desesperadamente para atrás.
JULIO CORTÁZAR (1914-1984), escritor argentino

No futuro morreremos jovens. Aos 140 anos.
MONICA SALOMONE, jornalista espanhola especializada em ciência

O ser humano que vai viver até os 130 anos já nasceu.
RICARDO BASAGLIA (1980-), CEO da empresa Michael Page, consultora de recrutamento

Na minha empresa há um problema chamado idoso. [...] Se tirássemos todos os idosos do meu plano, minha rentabilidade aumentaria muito.
AYRES DA CUNHA (1937-2017), ex-deputado e operador de plano de saúde

" Regulação

Artigo 1: não pode. Artigo 2: em caso de dúvida, abstenha-se. Artigo 3: se é urgente, espere. Artigo 4: sempre é mais prudente não fazer nada.
ROBERTO DROMI (1945-), advogado argentino, especializado em direito administrativo, ironizando o que seria o Código de Conduta do servidor público

É difícil melhorar nossas condições materiais por meio de leis melhores, mas é bastante fácil arruiná-las com leis ruins.
THEODORE ROOSEVELT (1858-1919), ex-presidente dos Estados Unidos

Quanto mais o Estado planeja, mais difícil se torna para o indivíduo traçar seus próprios planos.
FRIEDRICH VON HAYEK (1889-1992), economista e filósofo austríaco

Reprodução

A vida é uma doença sexualmente transmissível.
PETR SKRABANEK (1940-1994), médico tcheco

Pertencemos ao lugar onde estão enterrados nossos mortos.
KARINA SAINZ BORGO (1982-), escritora venezuelana

Sexo é o único espetáculo que não é cancelado por falta de luz.
LAURENCE PETER (1919-1990), educador canadense

Reputação

Quando se coloca um bom ministro em um mau governo,
quem mantém a reputação é o governo, e quem perde é o ministro.
PAULO GUEDES (1949-), ministro da Economia

Vencer é por um dia. Reputação é para a vida toda.
JOHAN CRUYFF (1947-2016), ex-jogador e técnico de futebol holandês

A imagem política é como misturar cimento. Quando está molhado, você pode moldá-lo e lhe dar forma, mas em certo momento ele endurece e quase nada pode ser feito para reformá-lo.
WALTER MONDALE (1928-2021), político americano

" Responsabilidade

Passarinho que come pedra sabe o cu que tem.
JOÃO GUIMARÃES ROSA (1908-1967), escritor

São poucos os que podem pensar, mas todos querem ter opiniões.
ARTHUR SCHOPENHAUER (1788-1860), filósofo alemão

" Retórica

A República se constrói, não se declara.
ELISA CARRIÓ (1956-), política argentina, em 2016

Aqui só se entra com vestibular. **PEDRO CALMON** (1902-1985), ex-reitor da UFRJ, em 1966, em diálogo com um policial, quando a PM queria invadir o prédio da Faculdade Nacional de Direito, no Rio de Janeiro

Não há lugar no mundo onde se destaque tanto a febre de chegar, de conseguir, do que Buenos Aires. A luta pelo dinheiro tem aqui mais vivacidade que nos povos do Norte. Projetos concebidos e fracassados numa mesma conversa, ir sem plano algum e voltar sem nada definido, combinar sociedades e desfazê-las logo depois, exagerar os lucros previstos, mendigar, manipular.
JOSÉ MARÍA SALVATIERRA, imigrante espanhol, em 1911

Sigam ideias, não sigam homens. [...] Eles passam ou fracassam.
RAÚL AFONSÍN (1927-2009), ex-presidente da Argentina, em conselho a seus conterrâneos

Os italianos amam as grandes palavras e os pequenos fatos.
VILFREDO PARETO (1848-1923), economista italiano

" Revisionismo

Na política, o governante é purificado pelo fracasso do sucessor.
JORGE ASÍS (1946-), escritor argentino

Nada muda mais do que o passado.
WILLIAM WAACK (1952-), jornalista

❝ Ridículo

É preciso fazer uma distinção entre a política e o ridículo.
JOAQUÍN MORALES SOLÁ (1950-), jornalista argentino

O ridículo é um lugar do qual não se volta.
JUAN DOMINGO PERÓN (1895-1974), ex-presidente da Argentina

O ridículo é uma espécie de lastro da alma quando ela entra no mar da vida; algumas fazem toda a navegação sem outra espécie de carregamento.
MACHADO DE ASSIS (1839-1908), escritor

❝ Riqueza

As pessoas com muito dinheiro ou são protegidas ou são procuradas pela polícia.
FRITZ DE CRIGNIS (1882-1957), financista alemão

A primeira geração cria riquezas, a segunda administra, a terceira estuda a história da arte e a quarta embrutece.
OTTO VON BISMARCK (1815-1898), ex-chanceler alemão

Um idiota pobre é um idiota, um idiota rico é um rico.
PAUL LAFITTE (1915-1972), psicólogo inglês

❝ Risco

O nosso trabalho é pensar no que pode acontecer, não no que acontece.
RICHARD CHAMPION DE CRESPIGNY (1957-), piloto australiano

Os generais precisam ter audácia.
NAPOLEÃO BONAPARTE (1769-1821), imperador da França

Probabilidade é a interseção da matemática mais rigorosa com a parte mais confusa da vida.
NASSIM NICHOLAS TALEB (1960-), matemático e escritor líbano-americano

Se um sujeito me diz que a probabilidade de fracasso de algo é de uma em 100 mil, eu sei que o que ele tem é uma porcaria.
RICHARD FEYNMAN (1918-1988), físico

Se você pensa que segurança custa caro, experimente um acidente.
STELIOS HAJI-IOANNOU (1967-), empresário grego, fundador da companhia aérea Easyjet

O presidente está blefando com um par de dois e não sabe.
ALEXANDRE SCHWARTSMAN (1963-), economista, sobre os discursos bombásticos de Jair Bolsonaro nas manifestações do 7 de Setembro de 2021

" Risco, aversão ao

A gente só deve mandar a carta depois de receber a resposta.
FRANCISCO DORNELLES (1935-), então governador do Rio de Janeiro, em 2016, comentando a rejeição de alguns projetos pela Assembleia Legislativa.

A prudência, quando é demais, vira covardia.
ULYSSES GUIMARÃES (1916-1992), político

Em política, só se ganha depois de arriscar.
MAURICIO MACRI (1959-), ex-presidente da Argentina

Errar é humano, e mais humano ainda é atribuir o erro aos outros.
ANTON TCHÉKHOV (1860-1904), escritor russo

Há duas ocasiões na vida em que o homem não deveria jogar. Quando não tem dinheiro — e quando tem.
MARK TWAIN (1835-1910), escritor americano

Na política, nunca se deve fazer perguntas cuja resposta não seja previamente conhecida. **HENRY KISSINGER** (1923-), diplomata americano

Nada nos humilha mais do que a coragem alheia.
NELSON RODRIGUES (1912-1980), jornalista e dramaturgo

Nunca brigue se o adversário estiver a mais de dois desvios padrão de você em qualquer dimensão: conhecimento, ideologia, inteligência ou porte físico. **LEONARDO MONASTERIO** (1970-), economista

Você sempre errará 100% das tacadas que não der.
WAYNE GRETZKY (1961-), ex-jogador canadense de hóquei no gelo

Estavam dispostos a correr qualquer risco, menos um: assumir a responsabilidade em caso de fracasso. **VASSILI GROSSMAN** (1905-1964), escritor soviético, em Vida e destino, sobre os líderes militares que tomaram as decisões estratégicas na Batalha de Stalingrado

Toda amizade é uma aliança contra a adversidade.
MILAN KUNDERA (1929-), escritor tcheco

" Roubo

Como o kirchnerismo não tem a menor ideia de como gerar riqueza, ele se dedica ao saque: das empresas e das pessoas.
JORGE FERNÁNDEZ DÍAZ (1960-), jornalista argentino

Há muitas empresas em concordata, mas nem todas serão expropriadas.
SANTIAGO CAFIERO (1979-), chefe de gabinete de Alberto Fernández, em junho de 2020

No governo de Cristina Kirchner, eu sentia que meu cérebro tinha sido expropriado. **MIGUEL ÁNGEL PICHETTO** (1950-), político argentino

S

" **Sabedoria**

É melhor uma resposta aproximada para a pergunta certa [...] que a resposta precisa para a pergunta errada.
JOHN TUKEY (1915-2000), estatístico americano

É preciso ter muito conhecimento para perceber a extensão da própria ignorância.
THOMAS SOWELL (1930-), economista americano

Em política, sempre se aprende com o inimigo.
VLADIMIR I. LÊNIN (1870-1924), líder revolucionário russo

Eu nunca perco na vida. Quando não ganho, recebo lições.
NELSON MANDELA (1918-2013), ex-presidente da África do Sul

Minha regra é jamais escrever sobre uma pessoa algo que me impeça de almoçar com ela no dia seguinte.
JAMES RESTON (1909-1995), jornalista americano

Na política, toda transição é amnésica.
IGNACIO ZULETA (1949-), jornalista argentino

Não fique com raiva. Fique com tudo.
IVANA TRUMP (1949-), ex-esposa de Donald Trump

Não se deve brigar com gente que usa saia — mulheres, padres e juízes.
GETÚLIO VARGAS (1882-1954), ex-presidente da República, em carta à filha Alzira

Não se pode fazer política com o fígado, conservando o rancor e ressentimentos na geladeira.
ULYSSES GUIMARÃES (1916-1992), político

O segredo do poder é saber delegar.
CARLOS CORACH (1935-), político argentino

Uma nação é um sistema de segredos.
JOSÉ ORTEGA Y GASSET (1883-1955), filósofo espanhol

" Saudade

O que é a lembrança senão o idioma dos sentimentos?
JULIO CORTÁZAR (1914-1984), escritor argentino

Na América, há duas Romas: Buenos Aires e Nova York.
JOSÉ ORTEGA Y GASSET (1883-1955), filósofo espanhol, sobre a primeira metade do século XX

" Second best

O sexo sem amor é uma experiência vazia, mas, como experiência vazia, é uma das melhores.
WOODY ALLEN (1935-), cineasta americano

Sou um astro do rock porque não consegui ser uma estrela do futebol.
ROD STEWART (1945-), cantor e compositor inglês

" Segundo turno

Dele não quero nem ver a cara. **CRISTINA KIRCHNER** (1953-), ex-presidente da Argentina, referindo-se ao recém-eleito Mauricio Macri e recusando-se a participar da cerimônia de entrega da faixa presidencial, em conversa com o presidente da Suprema Corte da Argentina, em dezembro de 2015

É muito para pouco, mas pouco para muito.
JORGE GIACOBBE (1954-2021), analista político argentino sobre a força política de Cristina Kirchner, insuficiente para voltar à Presidência da República como cabeça da chapa

Se você quer saber como alguém vai votar, não pergunte quais são seus desejos e aspirações, mas tente averiguar quem a pessoa odeia.
JONATHAN HAIDT (1963-), psicólogo social americano

" Segurança jurídica

Não somos equilibristas; somos equilibrados.
RICARDO LORENZETTI (1955-), presidente da Suprema Corte argentina,
em resposta a uma pergunta sobre sua posição diante de um conflito entre poderes

Você nunca vai ter progresso se tiver que ter a ordem como uma premissa.
JOSÉ DIAS TOFFOLI (1967-), ministro do Supremo Tribunal Federal, em evento com banqueiros, em agosto de 2019

O Brasil é o único país do mundo em que um jogo que estava 2 a 0 acaba em 1 a 1.
COMENTARISTA ESPORTIVO, relatando o que ocorreu no estádio de São Januário, no jogo Vasco e Cruzeiro pelo Campeonato Brasileiro da série B, em 2021: a TV não mostrou a anulação do segundo gol de um dos times, apresentando no vídeo um suposto resultado parcial de 2 a 0; o time que perdia fez um gol no final, empatando o jogo

" Selfie

Ler Clausewitz ajuda a levar seus próprios pensamentos um pouco menos a sério.
BOB DYLAN (1941-), compositor e escritor americano

O assunto favorito das pessoas é sempre elas mesmas.
DALE CARNEGIE (1888-1955), orador americano, criador de um dos mais conhecidos métodos de oratória nos Estados Unidos

Reconhecer-se é uma arte que o ser humano nunca acaba de aprender.
JORGE LUIS BORGES (1899-1986), escritor argentino

" Síntese

A Índia tem uma grande elite e um povo de merda.
O Brasil tem um grande povo e uma elite de merda.
SAN TIAGO DANTAS (1911-1964), político e diplomata, em frase a ele atribuída

Deixe que eles se reúnam, porque aí se fotografa o passado todo junto.
TONINHO DRUMMOND (1936-2018), jornalista, a Fernando Henrique Cardoso, quando este reclamava de um grupo de políticos que pensavam organizar uma "frente anti-FHC"

Clausewitz disse que a política é a guerra por outros meios.
Besteira. A política é a guerra.
LYNDON JOHNSON (1908-1973), ex-presidente dos Estados Unidos

O problema da economia argentina é Cristina Kirchner.
JOAQUÍN MORALES SOLÁ (1950-), jornalista argentino

Para governar a Argentina, é preciso cash e expectativas.
NÉSTOR KIRCHNER (1950-2010), ex-presidente da Argentina

" Soberba

A soberba é [...] a abelha rainha de todos os vícios e pecados.
DENNIS HELMING (1938-), escritor americano

Antes você nem sequer respondia às minhas ligações,
e agora manda instruções por um pirralho.
GILDO INSFRÁN (1951-), governador da província argentina de Formosa, a Cristina Kirchner, após a derrota contra Mauricio Macri, reclamando de Máximo Kirchner, filho dela, eleito deputado federal

Os Estados Unidos nunca conseguiram se recuperar da sua vitória na Guerra Fria. **JANAN GANESH** (1982-), jornalista britânico

Quando o presidente eleito sobe aquela rampa do Palácio do Planalto, com todas aquelas honras e cornetas, chega lá em cima convencido de que está lá só por mérito próprio. E sempre tem um áulico para dizer que ele tem razão. **GOLBERY DO COUTO E SILVA** (1911-1987), militar e político

" Sobrepreço

Eu estou sempre aqui, governador. Os senhores é que mudam.
SEBASTIÃO CAMARGO (1909-1994), presidente da construtora Camargo Corrêa, na posse do governador de São Paulo, ao encontrar o ex-governador, que lhe disse: "Sebastião Camargo, você por aqui?"

Foi uma coisa que foi acontecendo dos dois lados. Tanto um oferece quanto o outro recebe, vai estreitando o relacionamento, vai surgindo,e, quando a gente vê, está no meio desse processo. Uma coisa contínua, quando a gente vê, já está acontecendo.
PEDRO BARUSCO (1956-), delator do Petrolão, em depoimento à Justiça, *O Globo* (2 jul. 2015)

Quero agradecer sobretudo ao dr. Emílio Odebrecht, presidente do conselho da Odebrecht, e ao Marcelo, presidente do Grupo Odebrecht, porque começaram a construir essa obra ainda sem o contrato assinado. Eles já estão trabalhando há noventa dias, e o contrato foi assinado hoje.
LUIZ INÁCIO LULA DA SILVA (1945-), ex-presidente do Brasil, em 2011, ao discursar no lançamento das obras do estádio do Itaquerão, para ser construído até a Copa do Mundo de Futebol de 2014

" *Soft Power*

Brigitte Bardot é a exportação francesa mais importante.
Mais importante até do que os carros da Renault.
CHARLES DE GAULLE (1890-1970), ex-presidente da França, nos anos 1960

Quanto mais simpático é um povo, mais esculhambado é o país.
IVES SILVA ARAÚJO (1981-), contador

Os portugueses dissimulam, na arte de receber os outros,
a certeza de sua própria superioridade.
NIRLANDO BEIRÃO (1948-2020), jornalista e escritor

É tudo ou nada. **NÉSTOR KIRCHNER** (1950-2010), ex-presidente da Argentina, quando um assessor lhe recomendou que negociasse um projeto legislativo

Ou eu acabo com eles, ou eles acabarão comigo. **MAURICIO MACRI** (1959-), ex-presidente da Argentina, explicando o enfrentamento com empresários protecionistas, políticos corruptos e grupos corporativistas

" Solidão

A única coisa pior para um povo do que ter uma identidade é não ter nenhuma. **TERRY EAGLETON** (1943-), filósofo inglês

Há uma seita fanática na essência do governo Bolsonaro.
ROBERTO ABDENUR (1942-), diplomata

Estou cercado de malucos.
JUAN MANZUR (1969-), chefe de gabinete do governo da Argentina, acerca das propostas dos seguidores de Cristina Kirchner, em frase a ele atribuída

É muito dura a vida quando você não anda em bando. Não tem turma para te proteger. **PAULO GUEDES** (1949-), ministro da Economia

" Solução

A forma mais rápida de acabar uma guerra é ser derrotado.
GEORGE ORWELL (1903-1950), escritor inglês

A única maneira de livrar-se da tentação é ceder a ela.
OSCAR WILDE (1854-1900), escritor irlandês

A morte precoce livra o artista do envelhecimento e de outras maldades do tempo. **LUIS FERNANDO VERISSIMO** (1936-), escritor

A pior coisa do mundo é ajudar banco. Pior do que isso só deixar o banco falir. **JOHN K. GALBRAITH** (1908-2006), economista americano

A política é uma escolha entre problemas.
JULIO IRAZUSTA (1899-1982), político argentino

A única forma de não envelhecer é morrer cedo.
ANA CLAUDIA QUINTANA ARANTES, geriatra e escritora

Nenhum problema que aterrissava em minha escrivaninha […] tinha uma solução 100% efetiva e sem efeitos colaterais.
BARACK OBAMA (1961-), ex-presidente dos Estados Unidos

O segredo da juventude é viver honestamente, comer devagar e mentir sobre a idade. **LUCILLE BALL** (1911-1989), atriz americana

" Sujeira

A cabeça do Magalhães funciona como um terreno baldio,
onde há sempre alguém atirando alguma sujeira.
TANCREDO NEVES (1910-1985), político, quando lhe disseram que seu adversário, Magalhães Pinto, estava conspirando com os militares radicais, nos anos 1980

Em política, não há concepções imaculadas.
PAUL LAXALT (1922-2018), ex-senador dos Estados Unidos

O sexo é sujo? Só se for bem-feito.
WOODY ALLEN (1935-), cineasta americano

" Suplício

A música japonesa é uma tortura chinesa.
SOFOCLETO, pseudônimo de Luis Felipe Angell (1926-2004), escritor peruano

Escrever é percorrer um labirinto.
NIRLANDO BEIRÃO (1948-2020), jornalista e escritor

Quem inventou a comida foi Deus, mas quem inventou o cozinheiro foi o diabo. **ERICK JACQUIN** (1964-), jurado do programa de TV *MasterChef Brasil*, falando sobre o ego dos chefs

" Supremo

A Suprema Corte parece um conjunto de nove escorpiões numa garrafa.
OLIVER WENDELL HOLMES (1808-1894), escritor americano

A tarefa de um juiz do Supremo é desagradável porque está
intrinsecamente associada à ingratidão, uma vez que o dever
do bom juiz é agradecer ao presidente da República que o indicou
e depois nunca mais voltar a vê-lo na vida.
CARMEN ARGIBAY (1939-2014), ex-juíza da Suprema Corte Argentina

Quando discorda, Gilmar fala para ser ouvido [...].
Já Barroso [fala] para ser lido. **ELIO GASPARI** (1944-), jornalista

O crime não vencerá a injustiça.
CÁRMEN LÚCIA (1954-), ministra do Supremo Tribunal Federal

O presidente do Supremo fala com Deus.
JUAN MANUEL DE LA SOTA (1949-2018), político argentino

O Supremo é um arquipélago de onze ilhas.
SEPÚLVEDA PERTENCE (1937-), ex-ministro do Supremo Tribunal Federal

O Supremo Tribunal Federal, senhores, não sendo infalível, pode errar,
mas a alguém deve ficar o direito de errar por último.
RUI BARBOSA (1849-1923), político

Não me exija coerência. **MARCO AURÉLIO MELLO** (1946-), ministro
do Supremo Tribunal Federal, a um assessor que notou que uma decisão
sua era contrária a um voto que ele dera antes sobre tema similar

Um país que vai mudando a sua jurisprudência em função do réu
não é um Estado de direito democrático, é um estado de compadrio.
LUÍS ROBERTO BARROSO (1958-), ministro do Supremo Tribunal Federal

O Supremo Tribunal Federal desempenha este papel [representativo] com
parcimônia e autocontenção. [...] Em situações excepcionais, [...] cortes

constitucionais devem desempenhar um papel iluminista [e] promover, em nome de valores racionais, certos avanços civilizatórios e empurrar a história. **IDEM**

" Surdez

Nem todas as verdades são para todos os ouvidos.
UMBERTO ECO (1932-2016), escritor italiano

Os oponentes imaginam que nos refutam quando repetem sua própria opinião e não prestam atenção à nossa.
JOHANN WOLFGANG VON GOETHE (1749-1832), escritor alemão

T

" **Talibã**

A mulher deve encontrar uma profissão que não a impeça de cumprir a vocação primária de ser o coração da família e a alma da casa.
IVES GANDRA MARTINS FILHO (1959-), ministro do Tribunal Superior do Trabalho

Cavalo e mulher a gente só sabe se é bom depois que monta ou casa.
JOÃO BATISTA FIGUEIREDO (1918-1999), ex-presidente da República

Mulheres são aterrorizadoras porque contêm na matriz a inevitabilidade do futuro; porque são diferentes, porque são bruxas, porque são imprevisíveis. **JOSÉ EDUARDO AGUALUSA** (1960-) escritor e cronista angolano, explicando por que o Talibã persegue as mulheres

Chega de Estado Islâmico.
JUAN MANZUR (1969-), governador da província argentina de Tucumán, em defesa da renovação do peronismo e do afastamento do radicalismo de Cristina Kirchner

É necessário ser a favor ou contra. Ou fascismo, ou antifascismo. Quem não está conosco está contra nós.
BENITO MUSSOLINI (1883-1945), líder fascista italiano, em discurso de 1924

Há uma variável nova no processo político brasileiro: o ódio.
NELSON JOBIM (1946-), ex-ministro do Supremo Tribunal Federal, em 2017

[Lula] usa um discurso radical e moralista para assustar os adversários, transformando-se em seguida num tolerante moderado capaz de pacificar suas próprias fileiras, apagando incêndios que ajudou a soprar.
ELIO GASPARI (1944-), jornalista

" Tecnologia

Um objeto achatado, feito de uma árvore, com partes flexíveis em que são impressos montes de rabiscos escuros engraçados. Porém, basta um olhar para ele e você está dentro da mente de outra pessoa, talvez alguém morto há milhares de anos. Através dos milênios, um autor está falando claramente e em silêncio dentro de sua cabeça, diretamente para você. A escrita talvez seja a maior das invenções humanas, unindo pessoas que nunca se conheceram, cidadãos de épocas distantes. Livros rompem as amarras do tempo. Um livro é a prova de que os seres humanos são capazes de fazer magia. **CARL SAGAN** (1934-1996), astrônomo americano

A máquina tecnologicamente mais eficiente jamais inventada foi o livro.
NORTHROP FRYE (1912-1991), crítico literário canadense

Um livro é um mudo que fala, um surdo que responde, um cego que guia, um morto que vive.
PADRE ANTÔNIO VIEIRA (1608-1697)

Se não tivéssemos os irmãos Wright, ainda assim haveria aviões. Se não houvesse um Edison, ainda haveria luz elétrica. E, se não houvesse um Hefner, ainda teríamos o sexo, mas talvez não gostássemos tanto disso.
HUGH HEFNER (1926-2017), empresário americano, fundador da revista *Playboy*

" Tempero

A procura da simplicidade e da lucidez é um dever moral de todos os intelectuais. A falta de clareza é um pecado, e a pretensão é um crime.
KARL POPPER (1902-1994), filósofo austro-britânico

Na ordem do saber, para que as coisas se tornem o que são, o que foram, é necessário esse ingrediente, o sal da palavra.
É esse gosto das palavras que faz o saber profundo.
ROLAND BARTHES (1915-1980), sociólogo e semiólogo francês

" Tempo

Os árabes não descobriram o chimarrão, mas, com suas longas negociações, encontraram uma maneira, quase se poderia dizer que mais simpática, de perder seu tempo.
JORGE LUIS BORGES (1899-1986), escritor argentino

Eles passarão.../ Eu passarinho!
MÁRIO QUINTANA (1906-1994), poeta

Políticos e jornalistas compartilham um triste destino: eles precisam falar hoje sobre coisas que só compreenderão plenamente amanhã.
HELMUT SCHMIDT (1918-2015), ex-chanceler alemão

Nosso Código Penal, de 1940, tipifica como crime o atentado público ao pudor; daí que uma mulher que em 1943 fosse à praia de maiô de duas peças, cavado, seria perseguida pela polícia; bem ao contrário, uma mulher que hoje vá de topless — não a mesma mulher! — não será importunada.
EROS GRAU (1940-), ex-ministro do Supremo Tribunal Federal

" Teoria econômica

Às vezes, o primeiro dever dos homens inteligentes é restabelecer o óbvio.
GEORGE ORWELL (1903-1950), escritor inglês

" Terceira via

O Brasil é uma social-democracia europeia presa no corpo de uma economia emergente.
ALEXANDRE SCHWARTSMAN (1963-), economista

A política da conciliação é um relaxamento da tensão entre a vida como ela é e a vida como deve ser.
JAMES DAVID BARBER (1930-2004), cientista político americano

Vem uma turminha falar "Ah, queremos um centro, nem ódio pra lá, nem ódio pra cá". Ódio é coisa de maricas, pô. No meu tempo de bullying na escola era porrada. Agora, chamar o cara de gordo é bullying.
JAIR BOLSONARO (1955-), presidente da República

Num conflito, o campo intermediário é o menos provável de estar correto.
NASSIM NICHOLAS TALEB (1960-), matemático e escritor líbano-americano

A moderação pode ter virtudes, mas não é sexy.
CARLOS PAGNI (1961-), jornalista argentino

" Timing

A crise de hoje é a anedota de amanhã.
H. G. WELLS (1866-1946), escritor inglês

As oportunidades são como o nascer do sol: se você esperar demais, vai perdê-las. **WILLIAM ARTHUR WARD** (1924-1994), escritor americano

O tempo cobra o que se faz sem ele. **ULYSSES GUIMARÃES** (1916-1992), político

Uma gafe é apenas uma verdade dita na hora errada.
MEL BROOKS (1926-), ator e cineasta americano

O senhor acha que a intersecção dessas duas retas ocorrerá antes ou depois da eleição?
MARCO MACIEL (1940- 2021), então candidato, quando seu marqueteiro lhe disse que as intenções de voto dele aumentavam, enquanto as do adversário diminuíam

" Traição

Um traidor é um homem que deixou nosso partido para filiar-se a outro. Um convertido é um homem que deixa o outro partido para filiar-se ao nosso. **GEORGE CLEMENCEAU** (1841-1929), político francês

No peronismo, a traição é uma virtude: quem mata lidera, e o morto é esquecido. **HÉCTOR GUYOT**, jornalista argentino

O peronismo perdoa os traidores, mas não os derrotados.
JULIO BLANCK (1954-2018), jornalista argentino

O homem é um ser tão dependente que até para ser corno precisa da ajuda da mulher. **DERCY GONÇALVES** (1907-2008), atriz e humorista

Quem nunca provou o prazer da traição não sabe o que é prazer.
JEAN GENET (1910-1986), escritor francês

" Truculência

O kirchnerismo pacifista é a encarnação de um novo oxímoro.
JORGE FERNÁNDEZ DÍAZ (1960-), jornalista argentino

Os Kirchner governaram Santa Cruz [...] sem contrapesos, sem ideologia e sem escrúpulos. **IDEM**

Todo mundo sabe que a política é um esporte de contato.
BARACK OBAMA (1961-), ex-presidente dos Estados Unidos

Na vida e na política, a ignorância não é uma virtude. **IDEM**

Todo pitbull é uma Lassie enrustida.
JOSÉ SIMÃO (1943-), humorista

Este [projeto globalista] já se vinha executando por meio do climatismo ou alarmismo climático, da ideologia de gênero, do dogmatismo politicamente correto, do imigracionismo, do racialismo ou reorganização da sociedade pelo princípio da raça, do antinacionalismo, do cientificismo. São instrumentos eficientes, mas a pandemia, colocando indivíduos e sociedades diante do pânico da morte iminente, representa a exponencialização de todos eles.
ERNESTO ARAÚJO (1967-), ex-ministro das Relações Exteriores, em seu famoso texto "Chegou o comunavírus"

" Trumpismo

A aprovação de projetos de lei sérios exige a clareza de Ronald Reagan, a perseverança de Lyndon Johnson e a paciência de Jó. Donald Trump carece de todas as três qualidades.
EDWARD LUCE (1968-), jornalista americano

À medida que a democracia se aperfeiçoa, o cargo de presidente representa cada vez mais o sentimento mais profundo de um povo. Em algum dia memorável e glorioso, a gente comum desta terra alcançará enfim o que deseja de coração, e a Casa Branca será ocupada por um total imbecil.
H. L. MENCKEN (1880-1956), jornalista americano

Agora um louco vai tomar conta do hospício.
JOHN CARLIN (1956-), jornalista britânico, após a eleição de Donald Trump

Atualmente, o discurso político e a escrita são essencialmente a defesa do indefensável. **GEORGE ORWELL** (1903-1950), escritor inglês

Como novaiorquino, quando eu vejo um vigarista, reconheço-o na hora.
MICHAEL BLOOMBERG (1942-), ex-prefeito de Nova York, na convenção do Partido Democrata, opinando sobre as eleições de 2016, vencidas por Donald Trump

Donald Trump é um homem de setenta anos aprisionado na idade emocional de um garoto de treze anos.
DAVID CAY JOHNSTON (1948-), biógrafo de Trump

É uma vergonha que a Casa Branca tenha se tornado uma creche para adultos. **BOB CORKER** (1952-), senador americano, sobre Donald Trump

Eu diria algo novo só para manter a luz vermelha acesa.
DONALD TRUMP (1946-), ex-presidente dos Estados Unidos, explicando sua técnica para chamar a atenção

O primeiro método para avaliar a inteligência de um governante é olhar para os homens que estão à sua volta.
MAQUIAVEL (1469-1527), filósofo e diplomata italiano

Os americanos escolheram um rei bufão como presidente.
DAVID BROOKS (1961-), jornalista americano, sobre Donald Trump

Passei batom nos lábios de um porco.
TONY SCHWARTZ (1952-), escritor americano, arrependido por ter ajudado a formar uma imagem positiva de Donald Trump ao escrever *A arte da negociação*, em 1987, livro que teve mais de 1 milhão de exemplares vendidos

Prefiro reinar no Inferno a servir no Paraíso.
STEVE BANNON (1953-), ex-assessor político americano de Donald Trump

Se há muitas pessoas que acreditam em alguma parvoíce, ela se tornará uma realidade socialmente dominante, e quem quer que a critique irá se colocar na posição de bufão, que deverá então ser punido.
ERIC VOEGELIN (1901-1985), filósofo alemão

Temos todas as características de uma *banana republic*.
DAVID ROTHKOPF (1955-), jornalista e cientista político americano, sobre o governo Trump

" Vacina

A contrariedade com a vacinação obrigatória não é liberalismo,
é preguiça mental. Fazer pipi na piscina não é liberalismo, é porcaria.
NEOLIBERAL ANÔNIMO

O antivacina no bar é como um motorista embriagado:
arrisca as vidas dos outros clientes e dos funcionários.
MARCOS NOGUEIRA (1970-), jornalista e blogueiro

Não vou tomar vacina e ponto final.
JAIR BOLSONARO (1955-), presidente da República, sobre a vacina contra a Covid-19.

Se você virar um jacaré, o problema é seu. **IDEM**

Como teria rapidamente observado Tim Maia, no Brasil,
os antivacina não deixam de se vacinar.
NEOLIBERAL ANÔNIMO

" Velhice

A cidade do amor é uma cidade de pessoas sozinhas. Paris é uma
das maiores concentrações de idosos isolados em apartamentos.
LEANDRO KARNAL (1963-), historiador

A vida é uma peça razoavelmente boa, mas com um terceiro ato
muito mal escrito.
TRUMAN CAPOTE (1924- 1984), escritor americano

A juventude anda cada vez mais cobiçada, inclusive por quem ainda é
jovem. **MARTHA MEDEIROS** (1961-), escritora

Antigamente, lutávamos para derrubar o sistema, e agora, quando ele cai, é sempre um suplício. **IDEM**

À medida que nos afastamos da juventude, o passado alcança uma importância maior. Percebemos que para nós há mais ontem do que amanhã.
DANIEL BARENBOIM (1942-), pianista e maestro argentino

Amadurecer é fazer sempre as mesmas m... de sempre, mas com dor nas costas. **JOSÉ SIMÃO** (1943-), humorista

Aos cinquenta, cada um tem o rosto que merece.
GEORGE ORWELL (1903-1950), escritor inglês

Depois dos cinquenta, se você não tem dor é porque está sob a terra.
COCO BASILE (1943-), ex-jogador e técnico de futebol argentino

Ficar velho é sacar nossa própria desimportância.
OSWALDO MENTENEGRO (1956-), compositor

A Argentina é o único país do mundo onde a inflação tem mais de oitenta anos. **JUAN JOSÉ SEBRELI** (1930-), escritor argentino

O Brasil é velho, [...] é um dos povos mais velhos do mundo. Idade, nas pessoas ou nos povos, não se calcula pelo número de anos.
JOHN IRVING SLANG, personagem de Monteiro Lobato, em *Mister Slang e o Brasil*

O arqueólogo é o melhor marido que uma mulher pode ter: quanto mais velha ela fica, maior é o interesse que ele tem por ela.
AGATHA CHRISTIE (1890-1976), escritora inglesa

O segredo de uma velhice agradável [é] um honroso pacto com a solidão.
GABRIEL GARCÍA MÁRQUEZ (1927-2014), escritor colombiano

O ser humano não está preparado para viver 97 anos. A memória é um cemitério: já não fica nenhum amigo com quem se compartilhou a vida. A própria vida vai se extinguindo, como a luz de uma vela.
CARLOS FAYT (1918-2016), ex-juiz da Suprema Corte Argentina, aos 97 anos

Temos a idade de nosso humor.
CATHERINE RAMBERT, escritora francesa

" Veneno

A sra. Thatcher [...] se comporta como uma menina de oito anos quando fala com o presidente dos Estados Unidos.
FRANÇOIS MITTERRAND (1916-1996), ex-presidente da França

Deus nos livre de a Bolívia declarar guerra ao Brasil.
LUIZ PAULO VELLOZO LUCAS (1956-), ex-prefeito de Vitória, ironizando o então ministro da Defesa, com quem seu grupo político mantinha uma rivalidade local

O crítico é como um homem sem pernas que ensina a correr.
CHANNING POLLOCK (1926-2006), ator americano

Sim, assim como 95% da viagem do *Titanic* foi completada com sucesso.
PETER DOWD (1957-), deputado do Partido Trabalhista do Reino Unido, ironizando a frase da primeira-ministra Theresa May de que "95% das negociações do Brexit haviam se completado" em 2018

" Verdades inconvenientes

Hillary Clinton sempre teve uma relação difícil com a verdade.
CARL BERNSTEIN (1944-), jornalista americano

Em geral, tudo o que dizem da gente é rigorosamente verdadeiro.
OSCAR WILDE (1854-1900), escritor irlandês, acerca das fofocas sobre seu relacionamento com Lord Alfred Douglas

Ninguém faz fofoca sobre as virtudes secretas dos outros.
BERTRAND RUSSELL (1872-1970), filósofo galês

" Vice-presidencialismo de coalizão

No governo de Alberto Fernández, tendo Cristina Kirchner como vice, uma perna precisa pedir licença à outra para caminhar.
JORGE FERNÁNDEZ DÍAZ (1960-), jornalista argentino

A Argentina vive uma situação de presidencialismo invertido.
MARIO NEGRI (1954-), líder da oposição argentina na Câmara de Deputados, em 2021, constatando a força política da vice-presidente Cristina Kirchner

Verba volant, scripta manent. (As palavras voam, os escritos permanecem.)
MICHEL TEMER (1940-), então vice-presidente, em carta à presidente Dilma Rousseff

Vice é igual cunhado: você casa e tem que aturar o cunhado do teu lado, não pode mandar o cunhado embora.
JAIR BOLSONARO (1955-), presidente da República

Cunhado não é parente, Mourão para presidente.
HAMILTON MOURÃO (1953-), general de exército, vice-presidente da República, em 2021, em comentário ao presidente Jair Bolsonaro, aludindo ao dito de apoiadores de Leonel Brizola, cunhado do então presidente João Goulart, na década de 1960

" Vício

Há mais filosofia numa garrafa de vinho que em todos os livros do mundo.
LOUIS PASTEUR (1822-1895), cientista francês

Intelectual não vaia à praia. Intelectual bebe.
JAGUAR (1932-), humorista

Não, porque o que intoxica não é o cigarro, mas as conversas imbecis.
JORGE LUIS BORGES (1899-1996), escritor argentino, quando o interlocutor lhe perguntou se podia fumar

O vinho é a poesia engarrafada.
ROBERT LOUIS STEVENSON (1850-1894), escritor escocês

" Vida noturna

A verdadeira política se faz à noite, depois do encerramento das votações no Congresso. **ULYSSES GUIMARÃES** (1916-1992), político

Fazer salsicha não é bonito, presidente. **RAHM EMANUEL** (1959-), ex-chefe de gabinete de Barack Obama, explicando-lhe por que dar plena transparência às negociações políticas acerca de seu plano para a saúde não seria boa ideia, dada a quantidade de concessões que teriam de ser feitas no varejo político

A verdade é impublicável.
BERNARD SHAW (1856-1950), dramaturgo irlandês

Não que as pessoas não soubessem a diferença entre a boa e a má política. É que simplesmente não se importavam. O que todos sabiam era que, durante 90% do tempo, os eleitores não estavam prestando atenção.
BARACK OBAMA (1961-), ex-presidente dos Estados Unidos, sobre seus anos como legislador estadual

O homem de Estado não pode dizer tudo o que sabe sob pena de, ao proclamar, prejudicar o Estado, a nação e o povo. Ele é obrigado a não dizer. **FERNANDO HENRIQUE CARDOSO** (1931-), ex-presidente da República, ao distinguir a ética da convicção da ética da responsabilidade

Os governos temem muito mais a revelação de seus atos que o movimento de tropas na rua. **MIRO TEIXEIRA** (1945-), ex-deputado Federal

Para isso, é preciso ter um esforço nosso, enquanto estamos nesse momento de tranquilidade no aspecto da cobertura da imprensa, que só fala da Covid-19, e ir passando a boiada e mudando o regramento.
RICARDO SALLES (1975-), então ministro do Meio Ambiente, em reunião ministerial de abril de 2020, em plena pandemia de coronavírus

" Vingança

Elas cospem no prato que as comeu.
RUBEM BRAGA (1913-1990), escritor, acerca das ex-mulheres criticando os ex-maridos

" Vocabulário

Não é um aumento. É uma equiparação dos salários.
PACO BRITTO (1964-), vice-governador de Brasília, ao comemorar a medida provisória assinada pelo presidente Jair Bolsonaro para aumentar a remuneração das forças de segurança no Distrito Federal

No glossário de Brasília, "isonomia" significa pagar menos impostos, "equiparação" quer dizer aumento salarial, e "pacto federativo" é dar mais dinheiro para os estados.
DYOGO OLIVEIRA (1975-), ex-ministro do Planejamento

Palavras como "abolir", "revogar", "esmagar" e "erradicar" emanam sem esforços da língua do Partido Republicano nos Estados Unidos. Essa é a consequência do hábito de paralisar o governo e levar o país à beira de dar um calote na dívida. Termos como "construir", "consultar", "concessões mútuas" e "documento preliminar" são, de fato, raros.
EDWARD LUCE (1968-), jornalista

" Volatilidade

Moda é um negócio complicado porque vive saindo de moda.
WASHINGTON OLIVETTO (1951-), publicitário

Não tenho direito de enjoar a bordo do Brasil.
OTTO LARA RESENDE (1922-1992), jornalista e escritor, em 1991

Política é como fotografia. Se mexe muito, não sai.
JÂNIO QUADROS (1917-1992), ex-presidente da República

Saberá a democracia resistir à democracia?
GIOVANNI SARTORI (1924-2017), cientista político italiano

Segura porque a Kombi vai tremer.
JOAQUIM LEVY (1961-), ex-ministro da Fazenda, quando pressentia o agravamento das turbulências em meio ao debate sobre medidas de ajuste

" Xadrez

Entre os pecados capitais do xadrez estão sempre a superficialidade, a voracidade, a pusilanimidade, a inconsequência e o desperdício de tempo.
SAVIELLY TARTAKOWER (1887-1956), grande mestre russo de xadrez nas décadas de 1920 e 1930

No xadrez, como na vida, o adversário mais perigoso é a própria pessoa.
VASILY SMYSLOV (1921-2010), enxadrista russo, ex-campeão mundial

ÍNDICE ONOMÁSTICO

Abdenur, Roberto, 188
Acevedo, Art, 105
Adams, John, 83, 108
Affonso, Eduardo, 99
Agualusa, José Eduardo, 34, 193
Ahrens, Jan Martínez, 175
Aimée, Anouk, 129
Alabarces, Pablo, 131
Alcântara, Eurípedes, 115
Alfonsín, Raúl, 66, 97, 179
Ali, Muhammad, 27
Allen, Woody, 65, 136, 184, 189
Almeida, Paulo Roberto, 123
Alonso, Horacio, 152
Alsogaray, Álvaro, 18
Álvaro de Campos (heterônimo de Fernando Pessoa), 17
Alvim, Roberto, 24
Amaral, Delcídio do, 75
Anatomia de um desastre (Safatle, Borges e Oliveira), 144
Andrada, José Bonifácio de, 60
Andrade, Mário de, 35, 131
Andrade, Oswald de, 71
Andreazza, Carlos, 48, 120
Andreotti, Giulio, 33
Angell, Luis Felipe, 189
Anitta, 31
Appy, Bernard, 37, 49
Arantes, Jovair, 46, 170
Araújo, Ernesto, 141, 197
Araújo, Ives Silva, 187
Arendt, Hannah, 26, 118
Argibay, Carmen, 190
Aristóteles, 42
Aron, Raymond, 46, 73, 109, 142, 162
Arraes, Miguel, 118
arte da negociação, A (Schwartz), 199
Asís, Jorge, 67, 105, 179

Assis Chateaubriand, 138
Axelrod, David, 140
Ayres Britto, Carlos, 50
Azambuja, Marcos, 74, 95, 117, 122, 131, 152-3
Azambuja, Sandro de, 27
Azevedo, Reinaldo, 32, 54, 70, 95, 132

Babenco, Héctor, 93
Baglini, Raúl, 150
Baldwin, James, 89
Ball, Lucille, 189
Ballmer, Steve, 167
Bannon, Steve, 199
Barão de Itararé (Aparício Torelly), 34, 60, 136, 159
Barba, Jaime Durán, 24, 133, 156, 169
Bárbaro, Julio, 62, 149
Barber, James David, 195
Barbery, Muriel, 169
Barbieri, Thiago, 130
Barbosa, Nelson, 144
Barbosa, Rui, 26, 79, 190
Bardot, Brigitte, 187
Barenboim, Daniel, 202
Baroja, Pío, 151
Barra Torres, Antonio, 66
Barreto, Marcelo, 94
Barrionuevo, Luis, 114
Barros, Ademar de, 138
Barros, Manoel de, 175
Barros, Ricardo, 48
Barroso, Luís Roberto, 34-5, 37, 39, 50, 92, 101, 162, 169, 190-1
Barthes, Roland, 194
Bartlet, Albert, 105
Barusco, Pedro, 187
Basaglia, Ricardo, 177
Basile, Coco, 202
Bassets, Marc, 45

Batista, Eike, 27, 73
Batista, Joesley, 91
Batistuta, Gabriel, 86
Battle, Jorge, 75
Bein, Miguel, 126
Beirão, Nirlando, 114, 122, 134, 187, 189
Beltrão, Hélio, 84
Benedetti, Mario, 91, 155
Benet, Juan, 97
Benjamin, Herman, 77, 113-4, 118
Bergman, Ingrid, 84
Bergoglio, Jorge Mario (papa Francisco), 21, 25, 35, 49, 154
Bernanke, Ben, 29
Bernbach, William, 79
Bernstein, Carl, 101, 203
Bernstein, Leonard, 40
Bernstein, Peter, 103
Berra, Yogi, 88
Beveridge, William, 120
Bevilaqua, Peri, 34
Bial, Pedro, 24
Biden, Joe, 19, 37
Bielsa, Marcelo, 86
Bierce, Ambrose, 11, 151, 171
Bilardo, Carlos, 86
Bioy Casares, Adolfo, 123
Bismarck, Otto von, 180
Blair, Tony, 161
Blanche, Nathan, 120, 130
Blanck, Julio, 40, 145, 159, 197
Blinder, Alan, 70
Bloomberg, Michael, 198
Bocaiuva, Quintino, 34
Boechat, Ricardo, 102
Bolsonaro, Eduardo, 92
Bolsonaro, Jair, 11-2, 15, 19-20, 27, 30-4, 37, 47, 49, 64, 70, 85, 102, 104-5, 119-21, 128, 131, 133-4, 141-3, 145, 148, 153, 166, 173, 177, 181, 188, 196, 201, 204, 206
Bolsonaro, Michelle, 59
Bolzonaro, Franco, 173
Bonaparte, Napoleão, 106, 117, 120, 133, 180
Boorstin, Daniel, 146
Borensztein, Alejandro, 23, 86
Borges, João, 144
Borges, Jorge Luis, 20, 23, 25, 31, 39, 48, 51, 88, 93, 101, 105, 122, 140, 151-2, 155, 158, 160, 185, 195, 204

Borgo, Karina Sainz, 178
Bossuet, Jacques-Bénigne, 25
Braga, Rubem, 41-2, 106, 205
Brandoni, Luis, 136
Brandt, Willy, 74
Brecht, Berthold, 150
Bresser-Pereira, Luiz Carlos, 60, 167
Bretas, Marcelo, 113
Breton, André, 175
Britto, Caio de, 41
Britto, Paco, 206
Brizola, Leonel, 53, 72, 204
Broda, Miguel Ángel, 67, 91
Brooks, David, 199
Brooks, Mel, 196
Bruno, Giordano, 82
Buarque de Holanda, Sérgio, 109
Buarque, Cristovam, 36, 77
Bucci, Eugênio, 102
Buffett, Warren, 56, 109, 130
Bush, George H. W., 29, 164
Bussunda (Cláudio Besserman Viana), 43

Cacaso (Antônio Carlos de Brito), 143
Cachanosky, Roberto, 67, 160
Cafiero, Santiago, 182
Calheiros, Renan, 155
Callado, Antonio, 41
Calmon, Pedro, 179
Calvino, Italo, 127
Calvo, Guillermo, 18
Camargo, Hebe, 63
Camargo, Sebastião, 187
Campanella, Juan José, 152
Campos Neto, Roberto, 107
Campos, Álvaro de (heterônimo de Fernando Pessoa), 156
Campos, Eduardo, 137
Campos, Roberto, 35, 37, 54, 62, 84, 96-7
Camus, Albert, 26, 136, 151
"Cansaço" (Braga), 41-2
Capone, Al, 152
Capote, Truman, 201
Cardoso de Mello, Zélia, 67
Cardoso, Fernando Henrique, 17, 21, 46, 63, 74, 81, 107, 110, 144, 149, 153, 165, 186, 205
Carlin, John, 198
Cármen Lúcia, 37, 129, 190
Carnegie, Dale, 185

Carrasco, Vinicius, 40
Carrillo, Santiago, 162
Carrió, Elisa, 30, 179
Carter, Jimmy, 128, 153
Caruso, Chico, 82
Carvalho, Bernardo, 123
Casablanca (filme), 160
Casagrande, Renato, 41
Casas, Fabián, 25, 121
Casseb, Cássio, 77
Castello Branco, Humberto de Alencar, 92
Castro, Fidel, 59, 122
Castro, Ruy, 31, 64
Cavalcanti de Albuquerque, irmãos, 138
Cavalcanti, Severino, 48, 157
Cavani, Edinson, 89
Ceciliano, André, 43
Cendrars, Blaise (Frédéric Sauser), 123
Ceronetti, Guido, 44
Chanel, Coco, 108
Chaplin, Charles, 158
Chávez, Hugo, 59
Chesterton, G. K., 122
Chico Anysio, 76, 78, 117, 137
Chrysostomo, Luiz, 25
Churchill, Winston, 26, 51, 62, 64, 77, 102, 107, 110, 119, 147
cidadão ilustre, O (filme), 139
Cintra, Otávio Pessoa, 119
Claret, Vinícius, 31, 57
Claudel, Paul, 136
Clausewitz, 185-6
Clemenceau, George, 133, 196
Clinton, Bill, 176
Clinton, Hillary, 203
Coelho, Arnaldo Cezar, 39
Cohn, Roy, 81
Collor de Mello, Fernando, 100
Condorcet, marquês de (Marie Jean de Caritat), 70
Conrad, Joseph, 31
Cony, Carlos Heitor, 175
Coolidge, Calvin, 65
Corach, Carlos, 40, 184
Coralina, Cora, 70
Corker, Bob, 198
Coronel Tadeu, 130
Cortázar, Julio, 159, 177, 184

Côrtes, Sergio, 118
Costa Couto, Ronaldo, 147
Costa e Silva, Arthur da, 29, 41
Costa, Lúcio, 95
Costa, Raymundo, 66
Coutinho, João Pereira, 175
Couto e Silva, Golbery do, 158, 186
Covas, Mário, 61, 173
Craig, Greg, 174
Crespigny, Richard Champion de, 180
Christie, Agatha, 202
Crivella, Marcelo, 43, 60
Cruijff, Johan, 65, 88, 178
Cué, Carlos, 86
Cunha Lima, Cássio, 97, 145
Cunha, Ayres da, 177
Cunha, Eduardo, 79-80, 91
Cuomo, Mario, 140

D'Elía, Luis, 154
da Vinci, Leonardo, 97
Dalí, Salvador, 31
DaMatta, Roberto, 37, 93, 174
Damodaran, Aswath, 106
Dantas, San Tiago, 186
Dario José dos Santos (Dadá Maravilha), 87
de Bolle, Monica, 104
de Crignis, Fritz, 180
de Gaulle, Charles, 17, 187
de la Rúa, Fernando, 92
de los Reyes, Ignacio, 89
de Pablo, Juan Carlos, 70, 122, 125, 174
De perto ela não é normal (filme), 44
Delfim Netto, Antonio, 41, 69, 76-7, 95, 144, 148, 159-60, 165, 176
Delgado, Paulo, 27, 53
Deming, William Edwards, 47
Dench, Judi, 32
Deng Xiao-Ping, 62
Desafio aos deuses (Bernstein), 103
Deval, Jacques, 40
di Tella, Torcuato, 25
Diario Carioca, 167
Diários da presidência (Cardoso), 149
Dias Toffoli, José, 185
Didi (Waldir Pereira), 79, 87
Dimon, Jamie, 42, 56
Diniz, Abilio, 163

Dino, Flávio, 49
Dirceu, José, 30
Disraeli, Benjamin, 80
Dornelles, Francisco, 181
Dostoiévski, Fiódor, 156
Douglas, Kirk, 158
Douglas, Lorde Alfred, 203
Dowd, Kevin, 175
Dowd, Peter, 203
Doz, Yves, 169
Drexler, Jorge, 43
Dromi, Roberto, 177
Drummond de Andrade, Carlos, 93, 155
Drummond, Toninho, 186
Dryden, John, 52
Duhalde, Eduardo, 161, 170
Duhigg, Charles, 73
Dumas, Alexandre, 44, 159
Dylan, Bob, 20, 30, 185

Eagleton, Terry, 188
Eco, Umberto, 55, 191
Edison, Thomas, 194
Eichengreen, Barry, 165
Einstein, Albert, 55, 63, 99, 129, 136
Eisenhower, Dwight, 51
Eliot, George (Mary Ann Evans), 108
Elizabeth II, rainha, 149
Elizabeth, rainha, 149
Ellery, Roberto, 36, 107
Elogio da leitura (Vargas Llosa), 122
Emanuel, Rahm, 61, 205
Erber, Fábio, 39
Eris, Ibrahim, 67
Etchecopar, Baby, 21, 30, 62, 175
Evans, Mary Ann, 108
Evans, Richard, 103

Faculdade Nacional de Direito (Rio de Janeiro), 179
Falkvinge, Rick, 56
Fallaci, Oriana, 22
Faulkner, William, 89, 140
Fayt, Carlos, 66, 202
Feather, William, 147
Feith, Roberto, 83
Fellini, Federico, 175
Ferguson, Niall, 69

Fernandes, Maria Cristina, 155, 169
Fernández Díaz, Jorge, 22, 41, 62, 74, 81-2, 92, 94, 123, 126, 131, 154, 161, 163, 182, 197, 204
Fernández, Alberto, 72, 100, 121, 143, 152, 154, 161, 176, 182, 204
Fernández, Aníbal, 106
Fernández, Macedonio, 85
Fernández, Roberto, 106
Ferreira de Aquino, Heitor, 100
Ferreira Gullar, 51, 108
Ferrer, David, 32
Ferreres, Orlando, 77
Ferry, Luc, 142
Feynman, Richard, 181
Fifa, 132
Figueiredo, João Batista, 69, 193
FMI, 54
Folha de S.Paulo, 18
Fontes, André, 167
Forbes, B. C., 78
Ford, Gerald, 100
Ford, Henry, 79
Forster, E. M., 48
Fortes, Heráclito, 46
Fraga, Arminio, 144
Fraga, Manuel, 162
Francis, Paulo, 26, 36, 49, 55, 84, 93, 105, 135, 141
Francisco, papa, 21, 25, 35, 49, 154
Franco, Creso, 70
Franco, Francisco, 82
Franco, Ilimar, 145
Franco, Itamar, 100
Franco, Javier Marías, 99
Franco, Nicolás, 82
Franklin, Benjamin, 80
Freire, Paulo, 63
Freire, Roberto, 76
Freitas, Aelton, 91
Freitas, Tarcísio de, 130, 148
Freixo, Marcelo, 145
Freud, Sigmund, 32, 134
Friedman, Milton, 29, 52, 117, 147, 166
Froner, Carlos, 135
Frye, Northrop, 194
Funaro, Lúcio, 30
Furtado, Celso, 118
Fux, Luiz, 114

Gabeira, Fernando, 105
Gabor, Zsa Zsa, 32, 45
Gaiman, Neil, 81
Galbraith, John K., 159, 164, 188
Galeazzi, Claudio, 18, 54, 120
Galvão Bueno, 39, 132
Gambini, Héctor, 104
Gandra Martins Filho, Ives, 193
Ganesh, Janan, 186
García Márquez, Gabriel, 202
Garcia, Hélio, 134
Garrincha, 87
Gaspar, Malu, 66
Gaspari, Elio, 85, 108, 117, 190, 193
Gates, Bob, 176
Geisel, Ernesto, 69, 96, 120, 144
Genet, Jean, 197
Getty, Jean Paul, 109
Giacobbe, Jorge, 184
Giannetti, Eduardo, 36
Gibbs, Robert, 45
Gil, Gilberto, 24
Gladwell, Malcolm, 142
Goebbels, Joseph, 24
Goethe, Johann Wolfgang von, 110, 191
Golan, Yair, 133
Goldberg, Isaac, 64
Goldman, Alberto, 171
Goldsmith, Jimmy, 45
Gomes, Fernando, 150
Gomes, Severo, 73
Gonçalves, Dercy, 197
Gonçalves, Elisa Margarida (Elisinha), 31
González García, Ginés, 141, 167
González, Felipe, 20
Goodhart, Charles, 168
Gorókohva, Elena, 162
Goulart, João, 204
Goulart, Maria Thereza, 71
Goulart, Ronald, 69
Goya, Francisco de, 95
Graham, Philip, 102
Gramsci, Antonio, 108
Grau, Eros, 195
Grazziotin, Vanessa, 94
Greenspan, Alan, 78
Gretzky, Wayne, 182
Grossman, Vassili, 182

Grove, Andrews, 150
Guardiola, Pep, 79, 140
Gudin, Eugênio, 141
Guedes, Armênio, 87
Guedes, Paulo, 19, 32, 34, 40, 48, 54, 57, 67, 70, 74, 76, 82, 100, 106, 125, 130, 137, 140, 157, 167, 170, 178, 188
Guimarães de Castro, Maria Helena, 78
Guimarães Rosa, João, 135-6, 179
Guimarães, José, 95, 144
Guimarães, Napoleão de Alencastro, 154
Guimarães, Ulysses, 53, 75, 83, 100, 125, 128, 165, 181, 183, 196, 205
Guinle, Jorginho, 71
Guyot, Héctor, 196
Guzmán, Martín, 18

Haddad, Fernando, 80, 99, 119, 144
Haidt, Jonathan, 185
Haji-Ioannou, Stelios, 181
Hajjar, Ludhmila, 150
Hall, Peter, 32
Harel, Isser, 168
Hartung, Paulo, 157
Hawking, Stephen, 25
Hayek, Friedrich von, 104, 178
Hearst, William Randolph, 102
Hefner, Hugh, 194
Heller, Joseph, 150
Helming, Dennis, 186
Hemingway, Ernest, 108
Herrero, Daniel, 166
Hitler, Adolf, 24, 80
Hofeller, Thomas, 92
Hollande, François, 18
Holmes, Oliver Wendell, 190
Huck, Luciano, 35
Hughes, Charles Evans, 50
Hugo, Victor, 85, 127
Hume, David, 155

Ibáñez, Jorge Luis Batlle, 21
Icahn, Carl, 168
Iglesias, Enrique, 75
Iglesias, Fernando, 161
Iglesias, José "Toti", 143
Insfrán, Gildo, 186
IPCC, 162

iPhone, 167
Irazusta, Julio, 188

J. Carlos, 42
Jack, o Estripador, 104
Jacquin, Erick, 189
Jaguar, 204
James, Harold, 166
Janot, Rodrigo, 36
Jardel, 87
Jefferson, Thomas, 50
Jobim, Nelson, 55, 65-6, 73, 114, 170, 193
Jobim, Tom, 35, 96
Jobs, Steve, 43-4
John Irving Slang (personagem), 202
Johnson, Boris, 74, 159
Johnson, Lyndon, 164, 186
Johnston, David Cay, 198
Johst, Hanns, 26
Jospin, Lionel, 74
Jouyet, Jean-Pierre, 18
JP Morgan, 42, 56
Jucá, Romero, 110, 128
Juez, Luis, 76, 132
Juncker, Jean-Claude, 164
Jung, Carl G., 146
Justo, Agustín R., 47

Kael, Pauline, 71
Kafka, Franz, 25, 173
Kandinsky, Wassily, 24
Karnal, Leandro, 71, 201
Kataguiri, Kim, 145
Katz, Alejandro, 21, 66
Keane, Roy, 88
Keats, John, 142
Kennedy, John F., 85
Kennedy, Ted, 63
Keret, Etgar, 145
Kerry, John, 45
Kicillof, Axel, 77
Kidman, Nicole, 31
Kindleberger, Charles, 175
King, Martin Luther, 164
Kirchner, Cristina, 41, 59, 81-2, 84, 92, 97-8, 100, 114, 121, 127, 153, 160-1, 163, 169, 182, 184, 186, 188, 193, 204
Kirchner, Máximo, 121, 161, 186

Kirchner, Néstor, 59, 84, 118, 135, 161, 169, 286, 487
Kissinger, Henry, 34, 124, 181
Klink, Amyr, 47
Kretschemer, Ernst, 160
Kronawetter, Ferdinand, 40
Krugman, Paul, 175
Kubitschek, Juscelino, 95
Kubrick, Stanley, 64
Kundera, Milan, 20, 63, 140, 143, 182
Kwak, James, 130

La Fontaine, Jean de, 104
La Rochefoucauld, François de, 65
La Sota, Juan Manuel de, 190
Labaké, Juan, 159
Laborda, Fernando, 83
Lafitte, Paul, 180
Lagerfeld, Karl, 84, 135
Laje, Antonio, 41
Lamounier, Bolívar, 74
Lanata, Jorge, 20, 22, 50, 54, 69, 73, 80, 81, 96, 102, 115, 136, 151-2, 171, 176
Lara Resende, Otto, 41, 95, 102, 206
Larreta, Horacio Rodríguez, 121
Lauand, Claudia, 53
Lawrence, D. H., 105
Laxalt, Paul, 189
le Carré, John (David John Moore), 149
Leão, Danuza, 44
Lebowitz, Fran, 85, 137
Lederer, Howard, 107
Lee, Rita, 26
Lei de Murphy, 174
Leitão, Míriam, 34
Leite, Eduardo, 113
Lembo, Cláudio, 75
Lênin, Vladimir I., 183
Levy, Joaquim, 206
Lewandowski, Ricardo, 50
Libelu: abaixo a ditadura (documentário), 170
Lichtenberg, Georg, 44
Lilla, Mark, 76, 93, 156
Lima, Daniel, 78
Lincoln, Abraham, 103, 104, 171
Lineker, Gary, 86, 88
Lira, Arthur, 46
Lisboa, Marcos, 83

Llaneras, Kiko, 87
Lloyd George, Gwilym, 125
Lobão, 55, 68
Lobo Antunes, Antonio, 143
Lorenzetti, Ricardo, 185
Lorenzoni, Onyx, 137
Lousteau, Martín, 109
Luce, Edward, 198, 206
Luder, Ítalo, 161
Lula da Silva, Luiz Inácio, 19, 59, 98-9, 110-1
    119, 123, 129-30, 160, 165, 169, 171, 187, 193
Lustig, Hanno, 49
Luz, Moacyr, 60

MacArthur, Douglas, 147
Macedo, José Eduardo de, 167
Machado de Assis, 42, 54, 97, 131, 164-5, 180
Machado, Sérgio, 113
Maciel, Marco, 196
Macri, Franco, 81
Macri, Mauricio, 21-3, 43, 54, 56, 62, 81, 101,
    110, 114, 127, 154, 160-1, 163, 169-70, 181,
    184, 186, 188
Madureira, Marcelo, 53, 65, 93
Magalhães Pinto, 134, 189
Magalhães, Antônio Carlos, 121
Magalhães, Luís Eduardo, 80, 126
Magalhães, Vera, 35
Maia, Rodrigo, 36, 120, 149
Maia, Tim, 201
Mailer, Norman, 65
Mainardi, Diogo, 48, 72
Major Olímpio, 120
Majul, Luis, 103
Malamud, Andrés, 72
Malraux, André, 75, 95
Mandela, Nelson, 79, 183
Mandetta, Luiz Henrique, 134
Manga, 87
Mansilla, Lucio V., 52
Mantovani, Daniel, 139
Manuel Inácio, coronel, 46
Manzur, Juan, 188, 193
Maquiavel, 198
Maradona, Diego, 86
Marinho, Roberto, 26, 102, 142
Mariz de Oliveira, Antonio Cláudio, 165
Marques Rebelo (Eddy Dias da Cruz), 43

Marsalis, Branford, 78
Mart'nália, 97
Martínez, Jorge Díaz, 75
Marx, Groucho, 85, 94
Marx, Karl, 94
Mascherano, Javier, 20
Massa, Sergio, 128
MasterChef Brasil (programa de TV), 189
Matheus, Vicente, 87
Matisse, Henri, 17
Mattar, Salim, 120
Matteotti, Giacomo, 110
Mattos Filho, Ary Oswaldo, 131
Mauldin, John, 175
Mayrink Veiga, Carmen, 68
May, Theresa, 203
McAfee, John, 56
McCain, John, 64
McKinley, William, 171
Medeiros, Martha, 78, 201-2
Meirelles, Fernando, 103
Melconian, Carlos, 18
Mello, Marco Aurélio, 190
Melo Franco, Afonso Arinos de, 27
Melo, Patrícia, 123
Mena Barreto, general, 34
Mencken, H. L., 160, 198
Mendes Campos, Paulo, 43
Mendes, Gilmar, 35-7, 39, 50, 76, 101, 114,
    162, 190
Mendonça de Barros, Luiz Carlos, 163
Menem, Carlos, 30, 153, 156, 161, 166
Menotti, César Luis, 86, 160
mente naufragada, A (Lilla), 93
Montenegro, Oswaldo, 202
Merkel, Angela, 33, 85, 111
Messi, Lionel, 59
Metcalfe, Robert, 167
Mickins, Beverly, 45
Microsoft, 167
Milley, Mark, 19
Minha obra-prima (filme), 136
Minsky, Hyman, 175
Mister Catra, 71, 73
Mister Slang e o Brasil (Monteiro Lobato), 202
Mitterrand, François, 203
Mon, Hugo Alconada, 163
Monasterio, Leonardo, 62, 182

Mondale, Walter, 178
Montaigne, Michel de, 122
Monte, Marisa, 151
Monteiro Lobato, 71, 202
Montenegro, Fernanda, 45
Moore, Charles, 159
Moraes, Vinicius de, 51
Moral e proletarização (Ortolani), 133
Moran, Dov, 141
Moreira Alves, Márcio, 136
Moreira Franco, Wellington, 83
Moreira Salles, João, 47
Moreira Salles, Walther, 31, 142
Moreira, Delfim, 26, 78
Moreno, Guillermo, 153, 157
Moreno, Jorge Bastos, 42, 130, 153
Moro, Sergio, 30, 121, 171
Mosciatti, Tomás, 102
Motta, Nelson, 72, 151
Motta, Sérgio, 85
Moura, André, 52
Moura, Mônica, 42
Mourão, Hamilton, 119, 133, 149, 204
Moynihan, Daniel Patrick, 162
Mujica, José "Pepe", 94, 126, 129
Murakami, Haruki, 45
Murphy, Edward, 174
Mussolini, Benito, 51, 82-3, 110, 137, 173, 193

Naím, Moisés, 135
Nakano, Yoshiaki, 61
Nathan, George Jean, 24
Nebbia, Litto, 23
Negri, Mario, 204
Negrini, Alessandra, 151
Neném Prancha, 48, 69
Nerval, Gérard de, 128
Nery, Pedro, 139
Netanyahu, Benjamin, 133
Neves, Aécio, 21
Neves, Tancredo, 21, 39, 46, 65, 72, 110, 134, 147, 168, 189
New York Times, 96
Nicolay-Rothschild, barão Philippe de, 93
Niemeyer, Oscar, 95, 136
Niemeyer, Paulo, 136
Nietzsche, Friedrich, 29, 57, 71

Nisman, Alberto, 104
Nixon, Richard, 71, 127
Nobre, Marcos, 72
Nogueira, Marcos, 201
Nogués, Pablo, 47
Nunes, Max, 43-4

O'Connor, Frank, 152
O'Donoghue, Michael, 44
Obama, Barack, 55, 61, 75, 97, 129, 140, 153, 174, 176, 189, 197, 205
Obama, Michelle, 113
Odebrecht, Emílio, 187
Odebrecht, Marcelo, 167, 187
Odebrecht, Norberto, 66, 128, 164
Oliveira, Dyogo, 206
Oliveira, Ribamar, 144
Olivera, Francisco, 162, 170
Olivetto, Washington, 34, 128, 176, 206
Ollier, María Matilde, 60
Olsen, Ken, 167
Oppenheimer, Andrés, 143
Orbán, Viktor, 85
organização, A (Gaspar), 66
Ortega y Gasset, José, 23, 71, 83, 184
Ortega, Daniel, 111, 175
Ortolani, Luis, 133
Orwell, George, 73-4, 83, 101, 139, 156, 174, 188, 195, 198, 202
Ovídio, 177
Oz, Amós, 55
Özil, Mesut, 88

Pacelli, Eugenio, 166
Pacheco, Rodrigo, 67
Pacino, Al, 63
Pagni, Carlos, 91, 118, 121, 152, 196
Palmeira, Marcos, 36
Palmerston, lord, 163
Palocci, Antonio, 39, 170
Pamplona de Abreu, Dener, 71
Pareto, Vilfredo, 179
Parra, Julio (Luis Ortolani), 133
Passarella, Daniel, 101
Pasternak, Natalia, 48, 140, 162
Pasteur, Louis, 204
Pastore, Afonso Celso, 157
Pauling, Linus, 168

Paulinho da Força, 120
Paz, Octavio, 53, 168
Pazuello, Eduardo, 48, 121
Pedagogia da autonomia (Freire), 63
Pedetti, Nelson, 89
Pedro II, dom, 27, 46, 167
Peixoto, Ernani do Amaral, 110
Pelé, 86-7
Pellegrino, Hélio, 25
Peña, Marcos, 23
Peñafort, Graciana, 92
Pereira da Fonseca, Mariano José (marquês de Maricá), 104
Pereira, Merval, 72
Pérez-Reverte, Arturo, 23
Perón, Isabelita, 144
Perón, Juan Domingo, 39, 125, 132-3, 135, 144, 161, 171, 180
Perotti, Omar, 41
Perriello, Tom, 129
Pesce, Miguel, 129
Pessoa, Fernando, 17, 84, 140, 156
Pessôa, Samuel, 35, 170
Peter, Laurence J., 104, 178
Pettis, Michael, 105
Pi y Margall, Francisco, 99
Picasso, Pablo, 63, 109
Picciani, Leonardo, 19
Pichetto, Miguel Ángel, 153, 159, 165, 182
Pimentel, Fernando, 144
Pineiro, Armando Castelar, 154
Piñera, Sebástian, 135
Pinheiro, Israel, 95
Pinheiro, João, 51
Pio XII, papa (Eugenio Pacelli), 166
Pires, Suzana, 44
Pitanguy, Ivo, 158
Playboy, 194
Plutarco, 137
Pollock, Channing, 203
Pollock, Jackson, 24
Pondé, Luiz Felipe, 36
Popper, Karl, 92, 141, 156, 194
Porchon-Lynch, Tao, 129
Porto, Sérgio, 35, 56
Portugal, Murilo, 111
Pou, Luis Lacalle, 19
Powell, Jerome, 29

Prado, Paulo, 71
Pratchett, Terence, 88
Prates, Claudia, 40
Presley, Elvis, 44
Proust, Marcel, 143, 158

Quadros, Jânio, 26-7, 206
Queiroga, Marcelo, 99, 119, 150
Quintana Arantes, Ana Claudia, 189
Quintana, Mário, 19, 56, 121, 195

Ramalho, Thales, 83
Rambert, Catherine, 203
Ramos, Graciliano, 41
Ramos, José Flávio, 125
Ramos, Marcelo, 82
Rand, Ayn, 141
Reagan, Ronald, 117, 158
Rebelo de Souza, Marcelo, 126
Reis, Eduardo Almeida, 120
Remy, Gastón, 105
Renan, Ernest, 45
Renato Gaúcho, 87
Requião, Roberto, 59
Reston, James, 101, 183
Revel, Jean-François, 56
Reynié, Dominique, 156
Rezende da Rocha, Rocsilvan, 53, 100
Richard Moneygrand (personagem), 93, 174
Richards, Keith, 139, 158
Richman, Murray, 127
Rimbaud, Arthur, 115
Ripert, Georges, 65
Rivarola, Rodolfo, 96
Rizzi, Andrea, 34, 99
Rizzo, Raúl, 59
Rocard, Michel, 176
Rodriges, Nelson, 98
Rodrigues, Chico, 20, 126
Rodrigues, Nelson, 35-7, 55, 68, 76, 87, 102, 105, 115, 117, 168, 174, 182
Rodríguez, Luis Salas, 140
Romer, Christina, 75
Romero, Sílvio, 72-3
Rónai, Cora, 48, 104, 159, 169
Rondon, Cândido Mariano, 134
Roosevelt, Franklin D., 168
Roosevelt, Theodore, 64, 171, 178

Roque, Tatiana, 47
Rosell, Francisco, 95
Rossi, Pablo, 137
Rothkopf, David, 199
Rous, Stanley, 88
Rousseff, Dilma, 11-2, 19, 42, 59, 77, 100, 113-4, 120, 142, 144-5, 204
Rubini, Héctor, 154
Rushdie, Salman, 25, 121
Russell, Bertrand, 68, 82, 128-9, 155, 203
Russo, Renato, 78

Sabino, Fernando, 134, 155
Sabino, Mário, 174
Sacchi, Arrigo, 44, 88
Sacco, Juan Carlos, 61
Sachsida, Adolfo, 89
Safatle, Claudia, 144
Sagan, Carl, 194
Salles, Ricardo, 205
Salomão, 55
Salomone, Monica, 177
Salvatierra, José María, 179
Salvatto, Augusto, 23
Salvini, Matteo, 173
Sanguinetti, Julio María, 97, 130, 132
Sant'Anna, Paulo, 20
Santos Lima, Carlos Fernando dos, 114
Sardenberg, Carlos Alberto, 19
Sarlo, Beatriz, 152, 161
Sarney, José, 113
Sartori, Giovanni, 206
Sartori, José Ivo, 67
Sartre, Jean-Paul, 126, 156
Saxe, duque de, 108
Scalia, Antonin, 114
Schlegel, Friedrich, 98
Schlesinger Jr., Arthur, 109
Schmidt, Augusto Frederico, 26
Schmidt, Helmut, 195
Schopenhauer, Arthur, 56, 77, 139, 176, 179
Schrage, Michael, 76
Schultz, David, 127
Schumpeter, Joseph, 175
Schwarcz, Lilia Moritz, 98
Schwartsman, Alexandre, 18, 49, 181, 195
Schwartsman, Hélio, 132

Schwartz, Tony, 199
Scioli, Daniel, 41
Sculley, John, 44
Scurati, Antonio, 26, 68, 132, 139, 174
Sebreli, Juan José, 174, 202
Segura, Luis, 50
Seligman, Milton, 99
Sepúlveda Pertence, 190
Serpico, Francesco Vincent, 53
Serrat, Joan Manuel, 20
Seu Jorge, 48
Shakespeare, William, 124
Shaw, Bernard, 40, 44, 76, 158, 205
Sicupira, Carlos Alberto "Beto", 18
Sigal, Jorge, 127
Simão, José, 197, 202
Simeone, Diego, 23, 86
Simonsen, Mário Henrique, 66, 69, 96, 110, 142, 159
Skrabanek, Petr, 178
Smirnoff, Yakov, 150
Smyslov, Vasily, 207
Soares, Bernardo (heterônimo de Fernando Pessoa), 140
Soares, Jô, 153
Sócrates, 156
Sofocleto (Luis Felipe Angell), 189
Solá, Felipe, 46, 109
Solá, Joaquín Morales, 23, 69, 82, 84, 92, 97, 126, 137, 163-4, 180, 186
Solá, Miguel Ángel, 143
Souza, César, 84
Souza, Jessé, 94
Souza, Josias de, 104, 148, 156
Souza, Paulo Renato, 157
Sowell, Thomas, 183
Stálin, Josef, 17, 80
Stamp, Josiah, 141
Stanislaw Ponte Preta (Sérgio Porto), 35, 56
Stendhal (Henri-Marie Beyle), 140
Stevenson, Robert Louis, 204
Stewart, Potter, 158
Stewart, Rod, 184
Stuhlberger, Luis, 100
Suassuna, Ariano, 51
Suassuna, Ney, 127
Summers, Larry, 61, 96

Sun Tzu, 153
Sunak, Rishi, 74
Swift, Jonathan, 21

Tabler, Andrew, 107
Tafner, Paulo, 147
Taleb, Nassim Nicholas, 30-1, 47, 52, 56, 70, 85, 95, 103, 107, 123, 130, 181, 196
Talese, Gay, 101
Tardin, Gustavo, 71
Tartakower, Savielly, 207
Tavares, Flávio, 36
Tavares, Martus, 96
Tchékhov, Anton, 181
Teixeira, Izabella, 100
Teixeira, Miro, 127, 205
Telfer, Ian, 73
Temer, Michel, 19, 46, 52, 77, 91, 100, 113, 114, 204
Tenoury, Gabriel, 177
Terêncio, 34
Teresa Cristina, imperatriz, 167
Tesson, Sylvain, 82
Thatcher, Margaret, 68, 80, 164, 166, 203
Thiel, Peter, 169
Tiririca, 27
Tirole, Jean, 60
Titanic, 203
Tizard, Henry, 64
Tocqueville, Alexis de, 164
Tognazzi, Ugo, 106
Toharia, José Juan, 156
Tombini, Alexandre, 129
Trótski, Liév, 177
Troyjo, Marcos, 108
Trudeau, Pierre, 91
Truman, Harry, 109, 113, 157
Trump, Donald, 42, 75, 105, 107, 150-3, 183, 198, 199
Trump, Ivana, 183
Tukey, John, 183
Tullio, Alejandro, 158
Twain, Mark, 55, 57, 103, 127, 181
Tyson, Mike, 103

UFRJ, 165
Urtubey, Juan Manuel, 51, 154

Vallejos, Fernanda, 22
Valor, 53
Vampeta (Marcos André Batista Santos), 17
Van der Kooy, Eduardo, 72
Vargas Llosa, Mario, 122
Vargas, Alzira, 94, 183
Vargas, Getúlio, 94, 138, 145, 167, 183
Várnagy, Tomás, 94
Vasconcelos, Jarbas, 151
Veller, Joseph, 108
Vellozo Lucas, Luiz Paulo, 203
Verbitsky, Horacio, 118
Verissimo, Luis Fernando, 86, 94, 188
Vescovi, Ana Paula, 147
Vialatte, Alexandre, 145
Viansson-Ponté, Pierre, 166
Vida de Getúlio (Vargas), 94
Vida e destino (Grossman), 182
Vieira, padre Antonio, 135, 194
Vikings (série), 152
Villa, Marco Antonio, 104, 145, 173
Viner, Katharine, 162
Voegelin, Eric, 199
Voltaire (François-Marie Arouet), 149
von Clausewitz, Carl, 134
von Mises, Ludwig, 119

Waack, William, 180
Wagner, Richard, 40
Wainer, Samuel, 101
Ward, William Arthur, 196
Weber, Luiz, 130
Weber, Max, 156-7, 165
Wells, H. G., 21, 196
Werneck, Rogério, 61
Wilde, Oscar, 19, 20, 49, 64, 79, 137, 147, 188, 203
Wiñazki, Miguel, 155, 161
Witzel, Wilson, 43
Wooldridge, Adrian, 152
Wright, irmãos, 194

Xi Jinping, 152

Yabrán, Alfredo, 155
Yeats, W. B., 25

Zambelli, Carla, 70
Zavascki, Teori, 118

Zeca Baleiro, 147
Zeca Pagodinho, 48, 75
Zeidan, Rodrigo, 39, 168
Zema, Romeu, 120
Zimmerman, Neetzan, 81
Zingales, Luigi, 47, 139, 169

Zinóviev, Grigori, 17, 73
Ziraldo, 177
Zuchovicki, Claudio, 143
Zuckerberg, Mark, 169
Zuleta, Ignacio, 163, 183
Zuvic, Mariana, 84

ESTA OBRA FOI COMPOSTA POR MARI TABOADA EM QUADRAAT PRO E IMPRESSA EM OFSETE PELA GEOGRÁFICA SOBRE PAPEL PÓLEN SOFT DA SUZANO S.A. PARA A EDITORA SCHWARCZ EM JUNHO DE 2022

A marca FSC® é a garantia de que a madeira utilizada na fabricação do papel deste livro provém de florestas que foram gerenciadas de maneira ambientalmente correta, socialmente justa e economicamente viável, além de outras fontes de origem controlada.